LEAGUE OF
LEGENDS

리그 오브 레전드
e스포츠를 하면서 즐기자

발 행 일 | 2024년 9월 1일

지 은 이 | 강도경
펴 낸 이 | 배수현
디 자 인 | 천현정
제 작 | 송재호
홍 보 | 배예영
물 류 | 이슬기
문 의 | 안미경

펴 낸 곳 | 가나북스 www.gnbooks.co.kr
출판등록 | 제393-2009-000012호
전 화 | 031)959-8833(代)
팩 스 | 031)959-8834

ISBN 979-11-6446-114-1(03370)

리그오브레전드
League of Legends
e스포츠를 하면서 즐기자

강 도 경 지음

가나북스

LEAGUE OF LEGENDS

목 차

프롤로그

　e스포츠를 스타크래프트로 직접 하면서 즐겼고, 임요환 홍진호 이영호 김택용 등 수많은 선수의 경기를 보면서 울고 웃었지만, 하지만 나이도 들고 시간도 지났고 새로운 e스포츠를 자식과 함께 즐기고 싶지만, 어려워서 엄두가 안 나는 학부모들과 트랜드에 뒤처지지 않게 친구들과 어울리면서 e스포츠를 취미로 가지고 싶은 학생들에게 가이드가 될 교재, 현재의 리그 오브 레전드 게임을 어떻게 해야 하고, 어떻게 보고 즐겨야 하는지를 자세하게 알려준다.

e스포츠의 시작

1. 1999년 투니버스(방송국)에서 "99프로게이머 코리아오픈"의 이름으로 세계 최초의 중계와 해설이 있는 대회가 시작되었다. 프로게이머라는 단어가 탄생하여 선수로 불리게 되었다.
   - PC방 이용자가 90% 이상 하던 스타크래프트를 채택하여 개최되었다.
   - 2000년도에는 게임 전문 방송사인 온게임넷의 개국과 MBC게임 등 다른 게임 전문 방송 채널도 개국하면서 e스포츠가 본격적으로 시작되었다.
   - 당시 e스포츠의 주 종목은 스타크래프트로 게임 방송사에서는 대부분의 편성을 스타크래프트가 채워졌다.

2. 이후 스타크래프트를 주축으로 철권, 피파, 포트리스, 카트라이더, 레인보우 식스 등의 다양한 게임에도 프로게이머와 프로 대회가 생겨나면서 여러 종목으로 발전하였다.
   - 이중 스타크래프트는 유일하게 한국의 대기업들이 직접 구단을 만들고 이를

운영하여 프로 리그가 되었다.
- 스타크래프트의 프로 리그 역사 중 가장 큰 업적으로 남은 것은 부산 광안리 해수욕장에서 열린 SKY 프로리그 결승전으로 10만명의 관객 기록이 있다. (그 대회에서 주장으로 3경기를 출전하고 리그 MVP를 받고 우승하였다.)
- 그 결승전 이후 대기업의 창단 러쉬가 줄을 이었다.
- SK Telecom T1, KT, 삼성전자, CJ, STX, 화승, 한빛, MBC게임 등이 창단하여 프로구단을 운영하였다.
- 한국에서 스타크래프트 프로리그가 시작하면서 e스포츠가 생겨났고 프로게이머라는 직업도 생겨 한국을 e스포츠 종주국으로 부르고 있다.

3. e스포츠는 2022 항저우 아시안게임 정식 종목으로 채택되며 정식 스포츠로 인정을 받고, 올림픽 정식 종목 채택에도 긍정적인 반응을 보인다. (아시안게임 우승으로 출전 선수들은 군대 면제를 받았다.)

4. 2022항저우 아시안게임에 e스포츠가 정식 종목으로 채택되는 것에 불만을 가진 사람들이 "스포츠는 몸을 쓰는 것이 스포츠다" 라는 논점을 두고 많은 이야기가 오고 갔으며, 현재에도 계속해서 다양한 이야기가 오가고 있다.

5. 스포츠 범주에 있는 바둑, 체스와 같이 몸을 쓰지 않고도 이를 준비하는 과정과, 서로 선의의 경쟁을 하는 모습을 보여주며 스포츠의 범주에 있다. 이상혁 (페이커) 선수의 인터뷰에서 "몸을 움직여서 활동하는 게 기존의 스포츠 관념인데, 그것보다 중요한 건 경기를 하고 준비하는 과정이 많은 분께 좋은 영향을 끼치고 또 경쟁하는 모습이 영감을 일으킨다면 그게 스포츠로서 가장 중요한 의미라 생각합니다.

저자 프로필

저자 강 도 경

경력

1999~2006	1세대 프로게이머
2006~2008	공군 ACE 상무팀 플레잉 코치
2009~2016	KT 롤스터 스타1,스타2 코치 감독
2017	팀 배틀코믹스 리그 오브 레전드 감독
2018~2019	다나와 배틀그라운드 감독
2020~2022	설해원 프린스 리그오브레전드 단장
2023~	신구대학교 교수 재직 중

수상 내역

2000	SBS PKO 왕중왕전 우승
2004	SKY 프로리그 1라운드 우승 (10만관중)
2004	SKY 프로리그 통합 우승
2010~2011	신한은행 프로리그 우승
2011~2012	신한은행 프로리그 우승
2014	SK텔레콤 스타2 프로리그 우승
2016	대한민국 e-Sports 대상 공로상

LEAGUE OF LEGENDS

선수 시절 받은 트로피

2004 SKY 프로리그 우승
e스포츠 역사상 첫 10만 관중
e스포츠로 처음 불리게 된
계기가 된 대회

팀 주장으로
리그 MVP 수상 및 우승

제 1장
리그 오브 레전드 설치부터 시작

리그 오브 레전드에 대해서 알아보고, 다운로드해서 PC에 설치하고, 게임 진행 방식을 알아보고 튜토리얼 모드를 해보자.

01 리그 오브 레전드란? League of Legend

라이엇 게임즈에서 2011년에 출시한 PC게임이다.

1. AOS (Aeon of Strife) 장르의 5대5 공성 게임이다.

2. AOS 장르란? 두 진영이 맵을 분할하고, 미니언이 다니고 방어 건물이 배치된 라인을 가진다. 그리고 챔피언을 선택해서 데스를 하지 않는 선에서 킬과 어시스트 및 레벨과 스킬 등을 올리고 궁극적으로 적의 진영의 넥서스를 파괴하는 것이 승리 요건

3. 워크래프트3의 유즈맵에 카오스라는 게임 속 미니게임이 발전하여 AOS 장르가 되었고, 전 세계적으로 가장 인기 있는 AOS 장르가 된 것이 리그 오브 레전드이다.

02 리그 오브 레전드 다운로드 및 설치

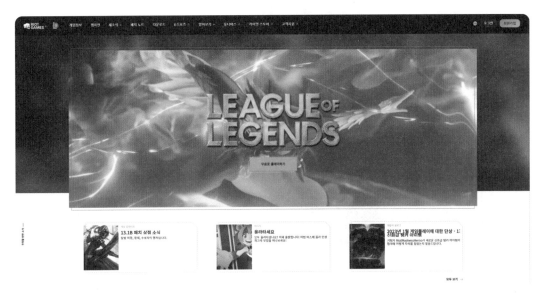

https://www.leagueoflegends.com/ko-kr 게임사의 공식 홈페이지에 접속한다.

중간에 다운로드 카테고리에서 게임에 다운로드를 한다.

다운로드한 파일을 실행하여서 진행한다.

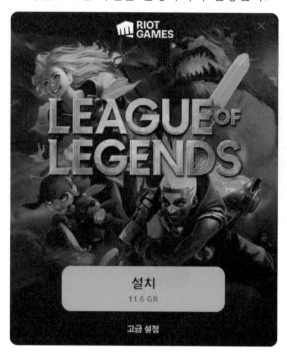

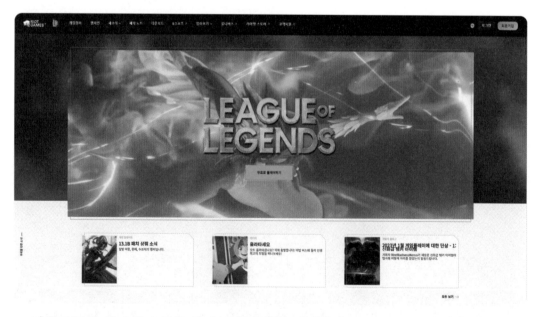

다운로드를 하면서 오른쪽 위에 회원가입을 진행한다.
회원가입을 진행하고, 아이디를 생성하여서 게임에 접속한다.

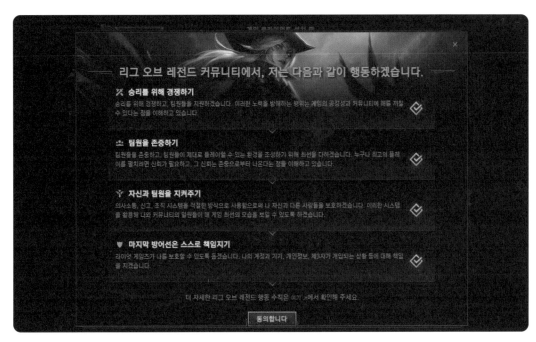

체크 박스를 모두 체크하고 동의하고 다음으로 넘어간다.

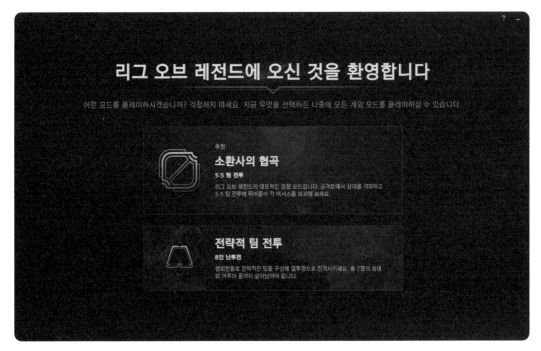

소환사의 협곡을 고른다.

(이 게임 모드가 전 세계적으로 하는 e스포츠의 리그 오브 레전드이다.)

03 게임 진행 방식 소개

- 게임의 컨트롤은 한 손에 마우스 다른 한 손에는 키보드를 조작한다. 키보드는 기본적으로 Q W E R D F 버튼과 1,2,3,4,5,6 버튼을 사용하여서 챔피언을 조종할 수 있다.

- 챔피언은 단 하나만 조종하면서 5명이 한 팀을 이룬다.
미니언(자동으로 공격하는 우리편)이 탑, 미드, 바텀 라인을 통해서 공성하고, 상대 미니언을 제거하면서 레벨을 올리고 CS(미니언을 막지막 타격으로 처치하는 것)를 먹어서 골드를 수급하고, 정글이라는 중립 몬스터 사냥을 해서 골드 수급을 해서 아이템을 구매하면서 상대방 5명과 싸워서 포탑과 억제기 및 넥서스를 파괴하면 된다.

04 튜토리얼 모드 클리어

1단계의 튜토리얼 모드를 들어가서 각종 챔피언을 조종하면서 클리어해 보자.

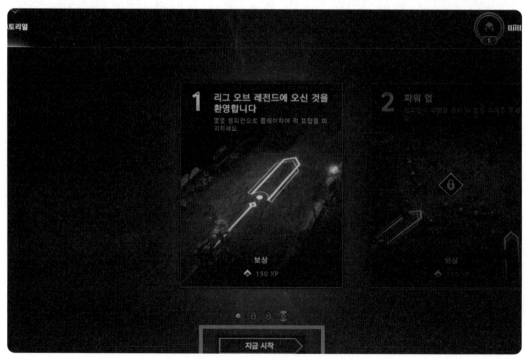

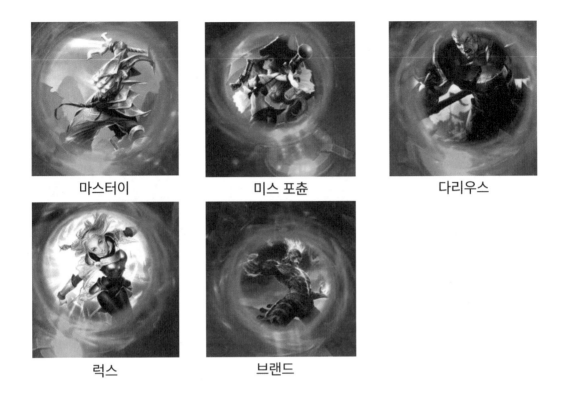

마스터이   미스 포츈   다리우스

럭스   브랜드

위의 챔피언을 모두 활용해 보자.

클리어하는 방식은 게임을 진행하면 자세하게 Q W E R 의 버튼을 누르는 순서와 사용법이 제공된다.

1. 튜토리얼 종료 후 원하는 챔피언을 선택하면 된다.

2. 파워 업 튜토리얼 진행하기

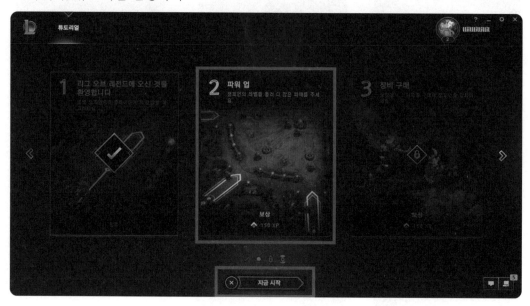

3. 장비 구매 튜토리얼 진행하기

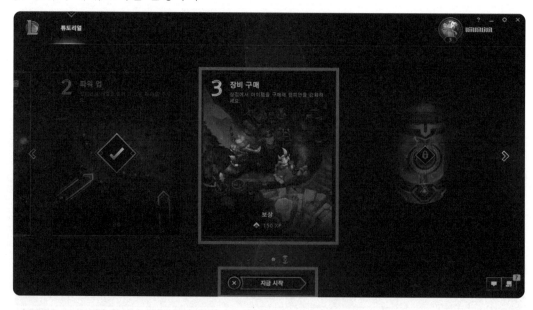

　모든 튜토리얼은 기본 중의 기본이고 게임 자체에서 자세한 사용법과 활용법을 알려
준다.

튜토리얼을 완료하면 파랑 정수를 획득할 수 있다.

‣ 튜토리얼을 완료하고 받은 파랑 정수를 통해 챔피언을 구매할 수 있다. 하고 싶은 챔
  피언과 무료 로테이션 챔피언으로 이제 소환사의 협곡으로 뛰어들자.

제 2장
입문 용어, 미니언 및 연습모드

　게임을 시작하기에 앞서 기본적인 입문 용어를 알아보고, 미니언 및 중립 몬스터에 대해서 익히고, 본 게임에 들어가기 전에 연습 모드에서 미니언 막타 연습하기, 본인에게 맞는 챔피언을 찾아보자.

01 입문 용어

　리그 오브 레전드의 게임 용어를 익혀서, 같이하는 플레이어들과 알맞은 소통을 하자.

- **챔피언** 리그오브레전드에서 플레이할 수 있는 캐릭터
- 라인(Lane) 상대방 본진으로 향하는 길, 본진에서 생성된 미니언들은 라인을 따라 교전한다.
- 미니언(CS Creep Score) 넥서스에서 소환되어 3곳의 각 공격로로 향하는 AI 병사(미니언을 처치하여 골드수급 가능)
- CC(Crowd Control) 스턴, 속박, 에어본, 슬로우 등의 움직임을 제약하는 스킬을 말한다. (내 챔피언이 당했을 때 CC에 걸렸다.)
- 다이브(Dive) 적군의 포탑이 있는데 챔피언을 공격하여 처치하는 행위
- 인베이드(Invade) 게임 시작 직후 미니언과 정글 몬스터가 생성되기 전 상대 진영으로

난입하여 발생하는 한타, 보통 정글이나 미드 부쉬에서 많이 발생한
다. (평균적으로 게임 시간 1분 30초 이전 발생)

- 늦베 늦은 인베이드의 준말로 중립 몬스터 출몰 이후에 하는 인베이드(게임 시간 1분
　　　30초 이후 발생)
- 와드 맵에 시야가 없는 곳에 설치하면 은신이 되며, 일정 시간 동안 설치된 곳의 주변
　　　시야를 밝혀주는 아이템
- 제어와드 핑크 와드라고 불리며, 와드와 동일하게 사용하지만, 위장된 적과 와드와 은
　　　신 된 설치물 소환물을 볼 수 있다. (투명이 된 적은 볼 수 없다.)
- 룬 게임 시작 전 챔피언을 강화할 수 있는 특성을 찍는 것(룬을 찍지 못하면 게임 시작
　　　시 기본으로 세팅 되어있는 것 중 가장 좋은 룬으로 선택된다. (같은 챔피언이라 할
　　　지라도 룬의 종류에 따라 교전의 방향성과 활용도 등이 다양해진다.)
- AD 챔피언 Attack Damage 평타(평범한 타격)의 기본인 챔피언
- AP 챔피언 Ability Power 마법 공격을 주로 사용하는 챔피언
- OP 챔피언 Over Power 밸런스가 붕괴할 정도로 강한 챔피언
- 스펠(소환사 주문) 게임 시작 전 모든 챔피언이 공통으로 사용할 수 있는 스킬 두 개를
　　　선택할 수 있다. 평균적으로 점멸을 고정으로 사용하며, 정글 챔피
　　　언들은 강타를 고정으로 사용한다.
- 픽하다 챔피언을 선택하는 것
- 선 픽 챔피언을 팀원보다 먼저 선택하는 것
- 후픽가 상대 라이너보다 늦게 선택하는 것
- 미아 콜 MIA:Missing In Action 같은 라인을 하는 챔피언이 어디 갔는지 모를 때 팀
　　　원에게 알리는 콜
- 퍼블(First Blood) 게임의 첫 챔피언 킬 선취점
- 파밍 Farming 미니언과 정글 몬스터의 막 타(Last Hit)를 하여 골드를 수급하는 행위
- 갱킹 Gank는 패거리를 의미하고 Gang과 죽인다는 뜻의 Kill을 합친 말이다. 정글러
　　　가 아군 라인에 개입하는 것(적 라이너 처치를 위함)
- 로밍 Roaming 라인전 중 본인 라인이 아닌 다른 라인에 개입하는 것 (정글러의 갱과
　　　는 다른 라이너가 다른 라인에 개입하는 것)
- 평타 평범한 타격, 챔피언의 기본 공격(마우스 우클릭 혹은 A클릭을 통해 공격 가능)
- 궁 궁극기(R스킬) 일부 챔피언이 6레벨에 얻는 강력한 스킬
- 한타 한방 타이밍 어원은 신조어로 스타크래프트에서 처음 쓰였다. 다소 불리한 쪽이

병력을 꾸준히 모아 한 방(에 모든 걸 걸고 싸울) 타이밍을 위한 군집 병력을 칭하는 용어였는데 AOS 장르로 넘어오면서 타이밍 러쉬를 할 군집 병력이란 개념은 쏙 빠지고 총력전을 벌이는 싸움으로 의미가 변하며, 소규모 교전이 아닌 대부분 챔피언이 모여 진행되는 교전을 말한다. (5대5, 4대4 등)

• 이니시에이팅 Initiate (착수시키다,개시되게 하다) 라는 뜻을 가졌고, "이니시를 열어" 라고 하면 이니시에이팅에 특화된 챔피언이 상대방에게 덤벼들어 한타를 시작하게 된다.

• 카운터 정글 상대편 진영의 정글 몬스터를 빼앗는 행위

• 카이팅 kite(연날리다.) 상대 챔피언보다 긴 사거리를 이용하여 이동하면서(적과의 거리 유지) 공격하는 행위 나는 때리고 상대방은 나를 못 때리는 상황

02 미니언 및 정글 몬스터

상대 플레이어가 아닌 AI 유닛들인 미니언과 중립 몬스터 및 대형 오브젝트를 알아보자.

1. 미니언의 종류

① 근접 미니언
- 처치 시 21골드를 얻을 수 있다.
- 한 미니언 웨이브당 3마리가 소환된다.
- 공격력은 낮지만, 체력이 높아 초반 처치가 힘들다.

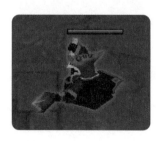

② 원거리 미니언
- 처치 시 14골드를 얻을 수 있다.
- 한 미니언 웨이브당 3마리가 소환된다.
- 공격력이 높고, 체력이 낮아 처치하기 쉽지만, 원거리 미니언이 많이 있을 때 챔피언의 체력이 급격하게 줄어들 수 있다.

③ 대포 미니언

- 처치 시 60골드를 얻을 수 있다.

- 게임 시간이 지나면서 최대 90골드까지 획득할 수 있다.

- 공격력과 체력이 모두 높은 미니언이지만 처치 시 많은 골드를 주어 확실한 처치가 필요하다.

- 3개의 미니언 웨이브당 한 번, 한 개씩 소환된다.

- 게임 시간 15분 이후에는 1분(2 웨이브)마다, 25분 이후에는 30초(매 웨이브)마다 생성된다.

④ 슈퍼 미니언

- 처치 시 60골드를 얻을 수 있다.

- 게임 시간이 지나면서 최대 90골드까지 획득할 수 있다. 거의 90골드로 등장함)

- 억제기가 파괴되면 생성된다.

- 대포 미니언보다 강력한 대미지와 체력을 가지고 있어 처치하기 매우 힘들다.

⑤ 상점

- 게임을 시작한 후 500골드가 주어지며, 게임을 진행하면서 킬, 어시스트, 미니언 등 여러 요소를 통해 골드를 얻어 아이템을 구매할 수 있다. (킬 300골드, 어시스트 150/N 골드)

- 아이템은 소환사의 제단에서 구매 가능(오른 제외)
- 전설급, 서사급 아이템들로 구분, 게임의 흐름과 챔피언 조합을 고려하여 아이템을 유동적으로 구매할 수 있다.

2. 정글 몬스터의 종류

① 정글 몬스터 – 칼날부리

- 대형 몬스터인 핏빛 칼날 부리와 칼날부리 5마리로 1분 30초에 생성된다.
- 정글 아이템을 가지고 핏빛 칼날부리 처치 시 체력과 마나를 소량 회복한다.
- 핏빛 칼날부리 처치 시 35골드, 칼날부리 처치 시 한 마리당 8골드를 얻을 수 있다.
- 재생성 시간은 2분 15초
- 통칭 "칼부"

② 정글 몬스터 - 어스름 늑대

- 대형 몬스터인 큰 어스름 늑대와 어스름 늑대 두 마리가 1분 30초에 생성된다.
- 정글 아이템을 가지고 큰 어스름 늑대 처치 시 체력과 마나를 소량 회복한다.
- 큰 어스름 늑대 처치 시 68골드, 어스름 늑대 처치 시 한 마리당 16골드를 얻을 수 있다.
- 재생성 시간은 2분 15초
- 통칭 "늑대"

③ 정글 몬스터 – 돌거북

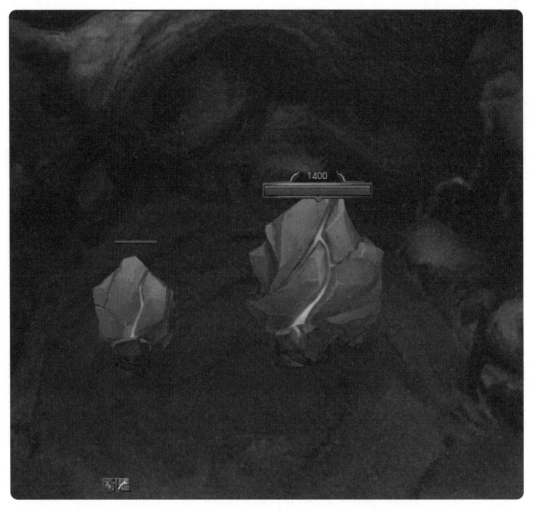

- 대형 몬스터인 고대 돌거북 한 마리와 돌거북 한 마리가 1분 42초에 생성된다.
- 고대 돌거북 처치 시 4마리의 작은 돌거북으로 분열, 돌거북 처치 시 2마리의 작은 돌거북으로 분열한다.
- 정글 아이템을 가지고 고대 돌거북 처치 시 체력과 마나를 소량 회복한다.
- 고대 돌거북 처치 시 15골드, 돌거북 처치 시 10골드, 작은 돌거북 처치 시 한 마리당 14골드를 얻을 수 있다.
- 재생성 시간은 2분 15초
- 통칭 "작골, 돌거북"

④ 정글 몬스터 – 심술 두꺼비

- 대형 몬스터인 심술 두꺼비 한 마리가 1분 42초에 생성된다.
- 정글 아이템을 가지고 심술 두꺼비 처치 시 체력과 마나를 소량 회복한다.
- 심술 두꺼비 처치 시 80골드를 얻을 수 있다.
- 재생성 시간은 2분 15초
- 통칭 "두꺼비"

⑤ 정글 몬스터 – 협곡 바위게

- 바론 둥지 앞과 드래곤 둥지 앞 두 곳에 3분 30초에 양쪽 모두 생성된다.
- 처음 생성된 바위게가 모두 처치된 후에는 랜덤으로 한 쪽에서만 2분 30초 만에 재생성된다.
- 바위게 처치 시 70골드부터 126골드까지 시간이 지남에 따라 획득하는 골드 양이 증가한다.
- 바위게 처치 시 처치한 강가 중앙에 와드가 설치되며, 해당 지역을 아군 챔피언이 지나갈 시 잠깐 이동속도가 증가한다.

LEAGUE OF
LEGENDS

⑥ 정글 몬스터 - 공허 태생 바위게

- 게임 시작 20분 후 바위게 대신 공허 태생 바위게가 된다.
- 바위게 처치 시 70골드부터 126골드까지 시간이 지남에 따라 획득하는 골드 양이 증가한다.
- 바위게 처치 시 처치한 강가 중앙에 90초간 속도의 성소 효과가 생성되며, 해당 지역에 시야 제공과 아군 챔피언이 지나갈 시 잠깐 이동속도가 증가한다.
- 처치 시 거대한 수정초 효과가 퍼지며 와드 체력을 1로 만든다.

⑦ 정글 몬스터 - 푸른 파수꾼

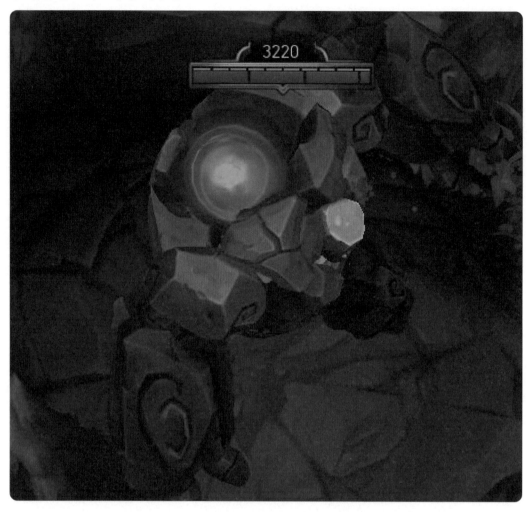

- 대형 몬스터인 푸른 파수꾼 한 마리가 1분 30초에 생성된다.
- 정글 아이템을 가지고 푸른 파수꾼 처치 시 체력과 마나를 소량 회복한다.
- 푸른 파수꾼 처치 시 90골드를 얻을 수 있다.
- 푸른 파수꾼 처치 시 스킬 가속과 마나 재생 버프를 얻는다.
- 재생성 시간은 5분
- 통칭 "블루"

⑧ 정글 몬스터 – 붉은 덩굴 정령

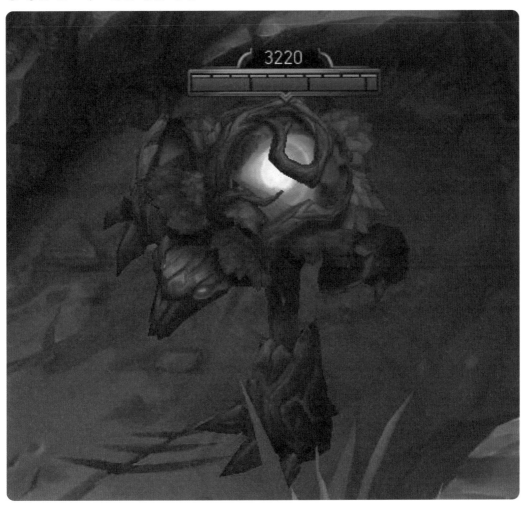

- 대형 몬스터인 붉은 덩굴 정령 한 마리가 1분 30초에 생성된다.
- 정글 아이템을 가지고 붉은 덩굴 정령 처치 시 체력과 마나를 소량 회복한다.
- 붉은 덩굴 정령 처치 시 90골드를 얻을 수 있다.
- 붉은 덩굴 정령 처치 시 지속 체력 회복과 기본 공격 시 피해 및 둔화 버프를 얻는다.
- 재생성 시간은 5분
- 통칭 "레드"

⑨ 정글 몬스터 - 공허 태생 파수꾼, 덩굴 정령

- 게임 시작 20분 이후 재생성되는 푸른 파수꾼과 붉은 덩굴 정령은 각각 체력이 30% 더 높은 상태로 공허 태생 파수꾼과 공허 태생 덩굴 정령으로 거듭

- 처치 시 모든 팀원에게 버프 효과 적용

- 더 이상 푸른 파수꾼/붉은 덩굴 정령 공유 체계가 정글 아이템 진척도의 영향을 받지 않습니다.

⑩ 정글 몬스터 - 공허 유충

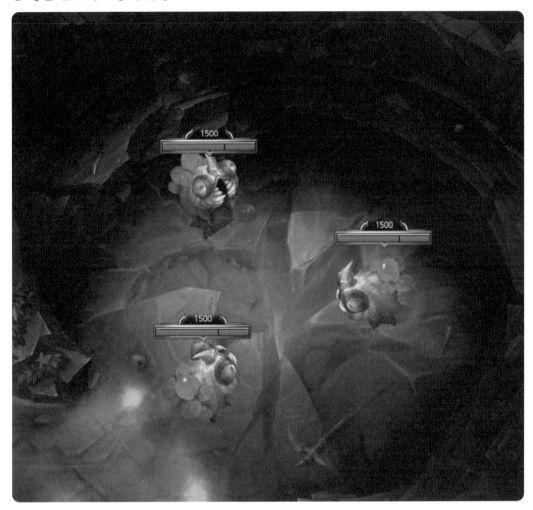

- 에픽 몬스터인 공허 유충은 총 두 번 생성되고 첫 공허 유충은 게임 시작 6분 후에 생성된다. 두 번째 공허 유충은 첫 공허 유충 처치 후 4분 뒤, 13분 45초에는 자연 소멸한다. (유충과 전투 시 13분 55초에 소멸) 정글 아이템을 가지고 협곡의 전령 처치 시 체력과 마나를 소량 회복한다.
- 처치 시 30골드를 얻을 수 있다. (유충 한 마리당 진드기 4마리 생성하며 처치 시 1골드)
- 공허 유충을 처치하면 모든 팀원이 포탑을 공격 시 추가 고정 피해 버프를 획득하며 고정 피해량은 공허 유충을 처치한 수에 비례한다.
- 공허 유충을 4마리 잡으면 타워 공격 시 공허 진드기가 소환되고 6마리를 잡으면 두 마리씩 소환

⑪ 정글 몬스터 - 협곡의 전령

- 대형 몬스터인 협곡의 전령은 14분에 생성된다.

19분 45초에는 자연 소멸한다. (전령과 전투 시 19분 55초에 소멸)

- 정글 아이템을 가지고 협곡의 전령 처치 시 체력과 마나를 소량 회복한다.

- 처치 시 200골드를 얻을 수 있다. (주변에 아군이 있을 때 나눠서 얻을 수 있다)

- 처치 시 "전령의 눈" 아이템을 이 맵에 떨어지며 아이템 획득 시 귀환 강화(귀환 시간 단축)와 아이템 사용 시 협곡의 전령을 소환하여 근처 적 포탑을 공격한다.

- 통칭 "전령"

LEAGUE OF LEGENDS

⑫ 정글 몬스터 - 드래곤

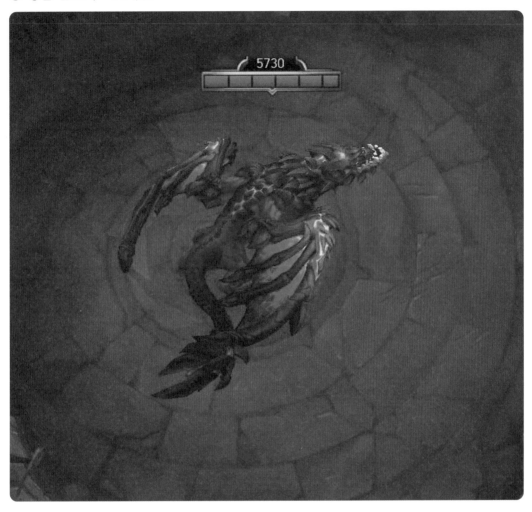

- 대형 몬스터인 드래곤은 5분에 생성된다. (랜덤으로 생성되며 총 6가지의 드래곤이 있다)
- 정글 아이템을 가지고 드래곤 처치 시 체력과 마나를 소량 회복한다.
- 드래곤 처치 시 25골드를 얻을 수 있다. (주변에 아군이 있을 때 나눠서 얻을 수 있다)
- 재생성 시간은 5분이다.
- 6가지의 드래곤마다 얻을 수 있는 버프가 있다. (장로 드래곤 제외하고도 6가지 존재)

⑬ 정글 몬스터 - 장로 드래곤

- 대형 몬스터인 장로 드래곤은 한쪽팀이 4마리의 드래곤을 처치하면 다음은 일반 드래곤이 아닌 장로 드래곤만 생성된다.
- 처치 시 처치한 팀 전원 350골드를 얻을 수 있다.
- 처치 시 드래곤의 성위라는 버프를 획득한다.
- 드래곤의 성위는 적을 공격할 때 3초에 걸쳐 고정 피해를 주며, 체력이 20% 이하인 적에게 피해를 주면 적을 즉시 처치한다.
- 재생성 시간은 6분이다.
- 버프 지속시간 2분 30초
- 통칭 "장로"

LEAGUE OF LEGENDS

⑭ 정글 몬스터 - 내셔 남작

- 대형 몬스터인 내셔 남작은 바론 둥지에서 20분에 생성된다.
- 3가지 타입의 내셔 남작이 랜덤으로 생성된다.
- 내셔 남작마다 특수스킬과 둥지 지형이 변경된다.
- 정글 아이템을 가지고 내셔 남작 처치 시 체력과 마나를 소량 회복한다.
- 처치 시 모든 아군이 300골드를 얻을 수 있다. (처치한 플레이어는 325골드)
- 처치 시 바론 버프를 얻을 수 있다. (귀환 강화, 아군 근처 미니언 강화, AD 및 AP 강화)
- 재생성 시간은 6분이다.
- 버프 지속시간 3분
- 통칭 "바론"

3. 골드수급

미니언, 몬스터, 챔피언 처치, 포탑 등을 파괴하면 골드를 얻을 수 있다.

게임 시작 후 처음으로 챔피언을 처치할 때 "선취점"이라고 하며, 400골드를 얻는다.

챔피언 처치 시 기본적으로 300골드를 얻으며, 같은 챔피언을 계속 처치하면 얻는 골드가 최하 100골드까지 감소한다.

챔피언이 많은 골드 혹은 킬을 수급 시 현상금이 활성화되며, 현상금은 최소 150골드에서 최대 700골드가 생긴다.

현상금이 있는 챔피언 처치 시 300골드 + 현상금을 얻을 수 있다. (최대 1,000골드)

포탑 파괴 시 골드를 얻을 수 있으며, 위치에 따라 골드가 다르다.

14분 전에 1차 포탑에는 5단계의 방어막이 있으며, 방어막을 파괴할 때마다 125골드를 획득할 수 있다.(게임 시작 14분 후에는 방어막이 사라진다)

4. 목표물 현상금

두 팀 간의 격차가 일정 수준 이상 차이가 나기 시작했을 때 활성화되며, 양 팀의 미니맵에 표시된다.

목표물 현상금이 활성화된 상태에서 불리한 팀이 해당 목표물을 파괴할 시 팀원 모두 목표물 현상금을 나눠 갖는다.

목표물 현상금은 경험치 차이, 골드 차이, 드래곤 처치 수, 철거한 포탑 4개 지표를 기반으로 계산된다.

목표물 현상금의 획득 골드는 다음과 같다.

협곡의 전령, 드래곤, 장로 드래곤, 바론 500 골드

1차 타워 250 골드

2차 타워, 쌍둥이 타워 400 골드

위의 골드는 두 팀의 격차가 벌어질수록 최대 60%까지 증가한다.

5. 미니언 수급 (경험치와 골드)

미니언(CS 크립 스코어)은 미니언 처치를 통해 골드를 획득한다.

경험치는 미니언 죽을 때 근처에 있으면 획득할 수 있지만 골드는 마지막 타격으로 처치해야만 골드를 획득한다.

이 골드를 바탕으로 아이템을 구매할 수 있다.

막타를 놓칠수록 상대보다 아이템 구매 시기가 늦어진다.

6. 미니언 막타

• **막타** 마지막 타격의 준말, 챔피언의 스킬 혹은 평타를 사용하여 대상을 마지막으로 타
격하여 처치하는 행위를 말한다.

미니언 막타를 친다 = 미니언을 막타로 처치하여 골드를 수급하는 행위

7. 실습하기

① 튜토리얼 완료하기

② 연습 모드에서 포탑 골드, 타워, 협곡의 전령, 드래곤, 바론 등 각종 오브젝트 처치 및
획득하기.

③ 연습 모드에서 봇(중급) 상대하여 넥서스 파괴하기

④ AI 봇 전에서 승리하기

03 연습 모드에서 미니언 막타 연습하기

게임 내에서 가장 기본적으로 골드를 수급 할 수 있는 행위인 미니언의 마지막 타격을 연습 모드에서 수련해 보자.

1. 클라이언트 왼쪽 위 "게임 시작" 클릭

2. "훈련" 클릭

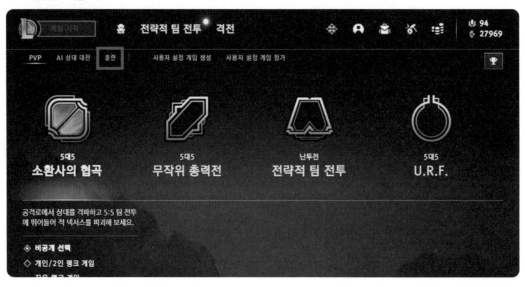

3. "연습 모드" 클릭

4. 하단 "게임 시작" 클릭

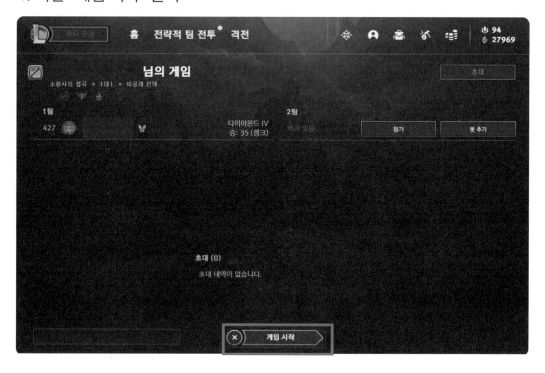

5. 챔피언 선택 화면에 챔피언 고르기

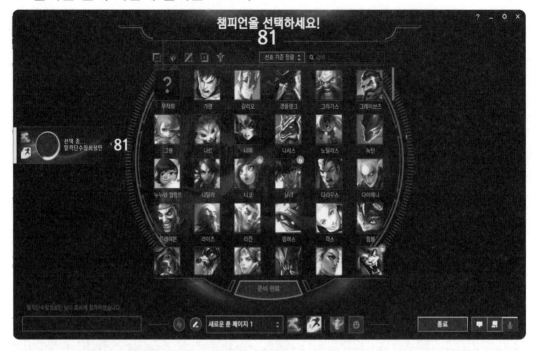

6. 미니언 막타를 먹기 쉬운 챔피언을 선택

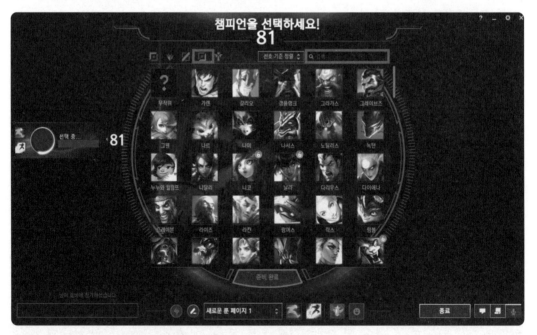

(워윅, 모데카이저, 피오라, 원거리 딜러 챔피언)

▸ 검색 혹은 원거리 딜러 (챔피언 탭을 통해 선택)

7. 챔피언 선택 후 준비 완료

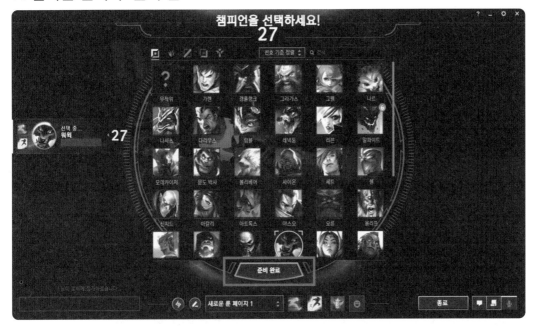

8. 상점 열기

- 인 게임에서 상점 클릭 or 골드 클릭 or 키보드 "P" 클릭
- 기본적으로 500골드가 주어진다.

9. 모든 아이템 클릭

- 도란의 검 구매
- 도란의 검 마우스 우클릭
- 도란의 검 선택 후 구매 버튼 클릭
- 첫 아이템은 롱소드도 가능하다. 공격력 10
- 도란검 or 롱소드가 초반 막타 치기가 쉽다.

10. 미드 라인으로 이동

- 미니맵 우클릭
- 인 게임을 통해 이동

11. 미니언 막타 쉽게 치는 법

① 미니언에 평타 시 대미지가 들어가는 딜 확인

② 미니언을 좌클릭하여 왼쪽 위에 남은 체력 확인

③ 미니언의 체력이 평타 대미지와 같거나 낮을 때 평타 쳐서 막타로 골드 수급하기

④ 미니언 막타 및 스킬 사용

⑤ 평타로 놓칠 것 같은 미니언은 스킬 사용하자

04 본인에게 맞는 챔피언 찾아서 연습 모드 해보기

리그 오브 레전드는 게임이 출시한 지 10년이 훨씬 지났고, 지속해서 챔피언을 출시하면서 168개의 챔피언이 나와 있기에 자신의 성격에 맞는 라인과 선호하는 유형의 챔피언 특성을 알아보고 나와 맞는 유형을 찾아서 연습 모드를 해 보자.

- 라인별 챔피언 특성 파악

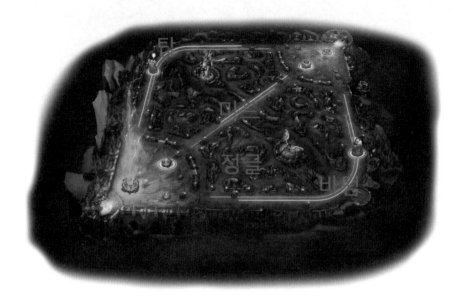

• 탑
- 최상단 공격로이다.
- 탑에는 주로 AD 근접 및 탱커 챔피언이 라인에 주로 선다.

• 정글
- 맵에 생성된 중립 몬스터를 사냥하며 성장을 하며, 탑 미드 바텀의 성장을 갱으로 도와준다.

• 미드
- 중간 공격로이다.
- 맵의 중앙에 있으므로 팀의 중심을 잡아 중요한 라인이다.
- AD 및 AP 암살자 부르저 챔피언들이 라인에 주로 선다.

• 바텀

- 원딜과 서포터 두 챔피언이 가는 라인으로 서포터는 원거리 딜러의 후반 캐리를 위해 성장을 도와준다.

1. 라인별 챔피언 특성 (탑)

- 탑은 다른 라인에 비해 혼자 있는 시간이 매우 많다.
- 탱커(방어템 위주로 챔피언) 또는 부르저(방어템과 공격템을 섞어서 사용하는 챔피언)가 라인에 많이 기용된다.
- 챔피언 추천

탱커 챔피언 오른, 초가스, 크산테, 사이온, 문도박사 등
부르저 챔피언 모데카이저, 아트록스, 레넥톤, 세트 등

2. 라인별 챔피언 특성 (정글)

- 정글 몬스터를 사냥하기 편한 스킬 혹은 갱에 유리한 스킬을 가지고 있는 챔피언이 정글에 기용된다.
- 성장형, 초식형, 육식형 등 정글 플레이 스타일에 따라 다르게 불린다.

성장형 초반에 약하지만 높은 성장 기대치를 가진 챔피언
초식형 초반에 약하지만, 강력한 CC기나 이니시가 가능한 챔피언
육식형 초반부터 강하여 갱이나 카운터 정글을 통해 지속적인 싸움을 하는 챔피언

- 챔피언 추천

육식형 리신, 엘리스, 우디르, 니달리 등
초식형 아무무, 마오카이, 자크, 세주아니 등
성장형 그레이브즈, 녹턴, 탈론, 카서스, 브랜드 등

3. 라인별 챔피언 특성 (미드)

- 게임 초반부터 끝날 때까지 쉬지 않고 타 라인과 정글에 많은 영향력을 펼친다.
- 빠른 라인 클리어 능력을 가지거나 기동력이 좋은 챔피언이 기용된다(주로 암살자 혹은 AP(마법사) 챔피언)
- 챔피언 추천

AP 챔피언 신드라, 라이즈, 빅토르, 리산드라, 사일러스

암살자 챔피언 탈론, 제드, 피즈, 르블랑, 아리 등

4. 라인별 챔피언 특성 (원딜)
- 초반에는 약하지만 성장을 통해 중후반 캐리력을 가지고 있다.
- 원거리 평타, 스킬 기반 챔피언과 인파이트형 챔피언들이 기용된다.
- 챔피언 추천
원거리 평타 케이틀린, 진, 시비르, 루시안 등
스킬기반 형 이즈리얼, 바루스, 직스
인파이트 형 사미라, 카이사, 닐라, 칼리스타 등

5. 라인별 챔피언 특성 (서포터)
- 초반에 약한 원딜을 보조하며, 라인전 이후 맵의 시야와 팀 보조를 담당한다.
- CC가 많거나, 아군을 강화하는 스킬을 가진 챔피언들이 기용된다.
- 아군을 강화하는 스킬을 가진 챔피언을 유틸리티 챔피언으로 부른다.
- 챔피언 추천
CC형 블리츠크랭크, 아무무, 쓰레쉬, 노틸러스 등
유틸형 룰루, 소라카, 모르가나, 잔나, 나미 등

6. 나와 맞는 라인 찾기
- 라인별 특징 정리
탑 초반부터 1대1 라인전을 하며 탱커 및 브루저 챔피언 위주
정글 정글 몬스터를 사냥하며, 성장 혹은 지속적인 갱을 다님
미드 빠른 라인 클리어와 기동력을 통해 정글과 함께 다른 라인에 영향력을 미침
원딜 초반부터 천천히 CS를 파밍 하며 성장하다 중후반 캐리력 폭발
서포터 초반 원딜을 보조하며, 중후반에는 맵시야 장악과 아군 보조

7. 라인별 입문 챔피언 추천
탑
탱커 – 말파이트, 쉔, 문도박사,
딜탱 – 모데카이저, 가렌, 레넥톤, 워윅,

정글

초식형 – 아무무, 마오카이, 람머스, 아이번

성장형 – 마스터이, 헤카림, 카서스,녹턴

육식형 – 렉사이, 올라프, 트런들, 리신

미드

AP – 니코, 벡스, 리산드라, 오리아나

암살자 – 제드, 아리, 피즈

원딜

원거리 평타 – 케이틀린, 트리스타나, 시비르, 진

인파이트(난이도 상승) – 닐라, 카이사, 사미라

서포터

CC형 – 아무무, 블리츠크랭크, 레오나, 노틸러스

유틸형 – 소나, 룰루, 소라카, 모르가나, 카르마

8. 실습하기

① 연습 모드에서 라인별 입문 챔피언 해보기

② 연습 모드에서 로테이션 챔피언(무료 플레이) 가능한 챔피언 다 해보기

③ 연습 모드에서 각 챔피언의 특성을 파악하고 스킬을 써 보기

④ 오늘 연습한 챔피언으로 AI 봇 전에서 승리하기

제 3장

초기 설정 및 AI 상대 대전

다음은 게임을 플레이하는 데 도움이 되는 게임 옵션들과 기본 커뮤니케이션, 그리고 게임에서 사용되는 스펠 및 자신의 성격에 맞는 챔피언을 골라서 AI 봇을 대상으로 이를 활용해 보도록 하자.

01 기본 설정 및 스마트 핑

리그 오브 레전드를 하기 위한 최적의 설정을 알아보자.

5 대 5 팀 게임이기 때문에 우리 팀과의 소통이 중요한, 소통은 보이스 채팅으로도 하지만 스마트핑으로도 간편한 소통이 가능하다.

1. 공통 설정 (화면 설정)
- 창모드, 테두리 없음
- 테두리 없음으로 설정 시 Alt + tap을 하거나 마우스 움직임에서 끊김이 발생하지 않는다.
- 전체 화면 설정 후 Alt +tap 시 화면이 끊기는 문제가 발생

2. 배경 생물 및 장식 요소 숨김

- 게임에 불필요한 요소를 숨길 수 있어 화면이 보다 깨끗해진다.

3. 화면 흔들림 켜기

- 화면 흔들림 활성화 시 한타 등 교전을 할 때 어지러움을 느낄 수 있으며, 집중에 방해
가 된다.

4. 화면 설정 (FPS 설정)

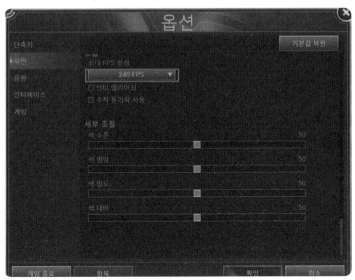

- 최대 FPS 설정

- FPS 설정을 제한없음으로 하면 컴퓨터의 성능을 최대한 사용하게 만들어 끊김 혹은 렉을 유발할 수 있어 제한없음 다음으로 높은 240 FPS로 설정한다.

*모니터의 화면 주사율에 맞추어서 FPS설정을 맞추어 진행해도 된다.

예 240Hz 모니터 -〉 240 FPS

144Hz 모니터 -〉 144 FPS

5. 단축키 설정

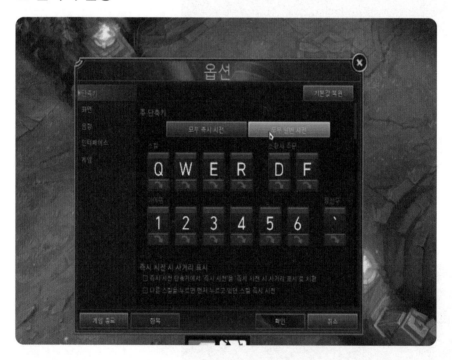

일반 시전

- 스킬 버튼을 누르고 사거리가 표시되면 한 번 더 마우스

- 좌클릭을 눌러야 스킬이 나가는 스킬 시전 방식

예 Q클릭 -〉 사거리 표시 확인 -〉 스킬 사용 대상에게 마우스 좌클릭 -〉 스킬 시전

6. 즉시 시전(스마트키)

스킬 버튼을 누르는 즉시 스킬이 사용되는 방식

예 Q클릭 -> 스킬 시전

*사거리 표시와 마우스 좌클릭 총 두 단계를 건너뛰어 빠른 스킬 시전 가능

*통칭 - 스마트키

"즉시 시전 시 사거리 표시" 옵션 활성화

- 스킬 버튼을 누르는 즉시 스킬이 나가는 스킬 사용 방식에서 사거리가 보이며, 사용할 스킬의 단축키를 누르고 있으면 사거리를 확인할 수 있고, 단축키에서 손가락을 떼면 바로 사용된다.

예 Q버튼 누른 상태 -> 사거리 표시 -> Q버튼에서 손가락 떼기 -> 스킬 사용

*즉시 시전은 단축키를 누르는 즉시 스킬 사용이 되지만, 즉시 시전 사거리 표시는 누른 후 단축키에서 손가락을 떼야 스킬 사용된다.

7. 단축키 설정 (커뮤니케이션)

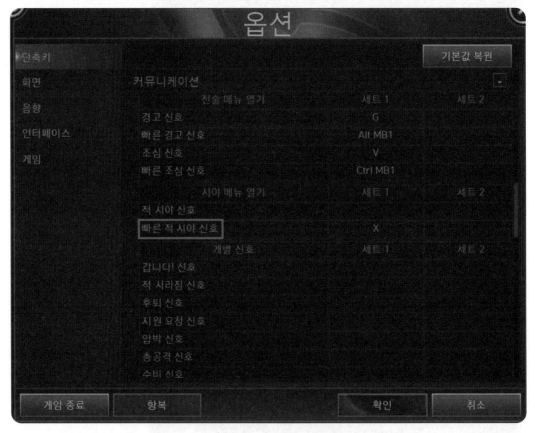

빠른 적 시야 신호

- 단축키 ➡ 커뮤니케이션 ➡ 빠른 적 시야 신호
- 세트 1번에 단축키 설정
- 빠른 적 시야 신호 사용 시 아군에게 적의 와드가 설치되어 있다 전달할 수 있다.
- 또한 적이 와드를 설치한 것을 시야로 확인 후 아군의 첫 빠른 적 시야 신호 사용 시 5골드를 획득할 수 있으며, 적 와드의 지속 시간을 알 수 있다.

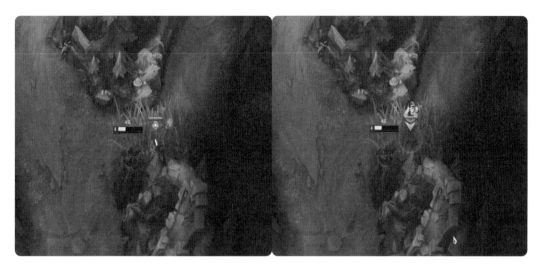

- 적 와드가 사라질 때까지 정보를 제공한다.

8. 챔피언만 조준

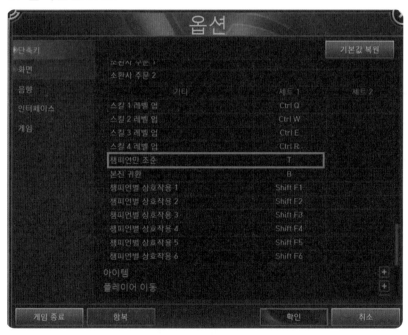

- 단축키 ➡ 스킬과 소환사 주문 ➡ 기타

① 포탑 뒤에 있거나, 와드, 미니언 등 구조물 및 설치물 뒤에 있어 정확하게 조준하여 타격하기 어려운 챔피언을 챔피언만 조준 옵션을 활성화한 후 공격하면 구조물이나 설치물을 조준하지 않고 챔피언만 조준한다.

- 챔피언만 조준 비활성화 시 포탑 뒤에 겹쳐 있는 적 챔피언을 조준하여도 포탑을 타격한다.

- 챔피언만 조준 활성화 시 포탑 뒤에 적을 조준하면 포탑의 범위 안에 챔피언이 숨어있어도 타격할 수 있다.

② 챔피언만 조준 상세 옵션

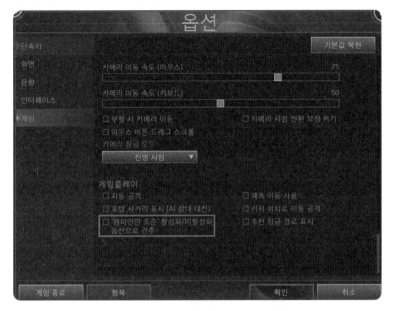

- 챔피언만 조준 활성화/비활성화 옵션을 활성화하면 등록해 놓은 챔피언만 조준 단축키를 한번 누르는 것으로 활성화하고 다시 한번 누르면 비활성화가 된다.
- 챔피언만 조준 활성화/비활성화 옵션을 비활성화하면 등록해 놓은 챔피언만 조준 단축키를 지속해서 누르고 있어야 챔피언만 조준 옵션이 활성화된다.

9. 신호

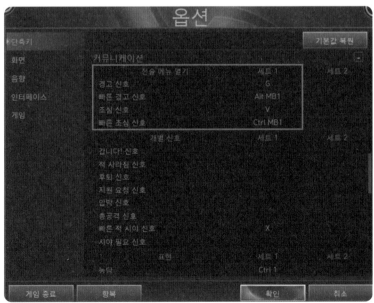

- 리그오브레전드에서 아군에게 본인의 의사를 표현하기 위해 사용하는 의사소통 방식이다.

- 다양한 신호가 존재하며 보통 일반(경고)신호 혹은 조심 신호를 많이 사용한다.

- 아군 챔피언 위에 직접 신호 사용 시 아군의 멘탈에 문제가 생길 수 있어 조심히 사용해야 한다.

10. 적 와드 신호

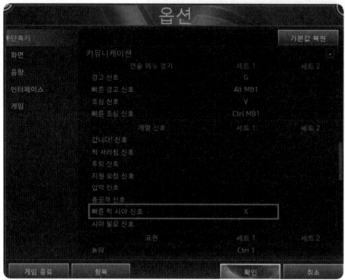

- 이 와드 신호가 특히 중요한데 상대가 와드를 박자마자 신호를 찍으면 적이 어느 위치에 와드를 하였는지 사라질 때까지 정보를 제공한다.

- 제일 먼저 핑을 찍은 플레이어가 5 골드를 얻는다.

11. 경고(일반) 신호

- 일반신호로 오브젝트, 포탑, 정글 몬스터를 가리킬 때 많이 사용한다.

- 적 챔피언에게 사용 시 "지목"이 되며 대상을 공격하자는 의미로 사용된다.

사용 방법

- G키 클릭 ➡ 마우스 좌클릭 ➡ 신호 사용

12. 조심 신호

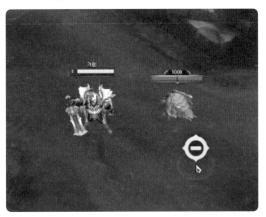

- 위험 신호와 공용되어 많이 사용되며, 미아 핑 이후, 오브젝트 싸움 등 가장 많은 곳에 사용된다.

사용 방법
- V키 클릭 ➡ 마우스 좌클릭 ➡ 신호 사용

13. 신호(핑) - 가는 중

- 내 챔피언이 가고 있다. 혹은 가고 싶다. 를 아군에게 전달할 때 사용한다.
- 정글러가 갱을 가거나 아군이 교전하기 전에 많이 사용한다.

사용 방법
- G키 혹은 V키 클릭 ➡ 마우스 좌클릭 누르기(지속) ➡ 마우스 우측으로 이동 ➡ 좌클릭 떼기 ➡ 신호 사용

14. 신호(핑) - 후퇴

- 아군에게 후퇴하거나 부쉬 혹은 시야가 없는 지역에 위험하다고 전달할 때 사용한다.

사용 방법
- G키 혹은 V키 클릭 ➡ 마우스 좌클릭 누르기(지속) ➡ 마우스 상단으로 이동 ➡ 좌클릭 떼기 ➡ 신호 사용

15. 신호(핑) – 적 사라짐

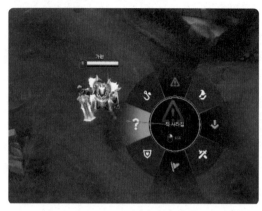

- 적군이 아군의 시야에서 사라질 때 사용한다. (시야에서 사라지면 보통 귀환 혹은 로밍)

사용 방법
- G키 혹은 V키 클릭 ➡ 마우스 좌클릭 누르기(지속) ➡ 마우스 좌측으로 이동 ➡ 좌클릭 떼기 ➡ 신호 사용, 통칭 - 미아핑

16. 신호(핑) – 지원 요청

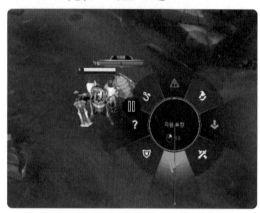

- 아군에게 지원을 요청할 때 사용 적군의 정글러가 갱이 오거나 오브젝트 싸움 등에 사용한다.

사용 방법
- G키 혹은 V키 클릭 ➡ 마우스 좌클릭 누르기(지속) ➡ 마우스 하단으로 이동 ➡ 좌클릭 떼기 ➡ 신호 사용

17. 신호(핑) – 유인

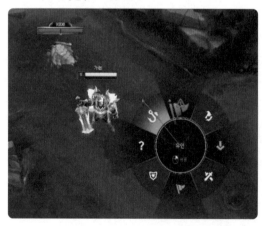

- 주요 딜러나 체력이 많이 없는 챔피언이 적을 아군이 있는 곳으로 유인할 때 사용한다.
- 최근에 추가된 신호로 많이 사용되지는 않는다.

사용 방법
- G키 혹은 V키 클릭 ➡ 마우스 좌클릭 누르기(지속) ➡ 마우스 좌상단으로 이동 ➡ 좌클릭 떼기 ➡ 신호 사용

18. 신호(핑) – 총공격

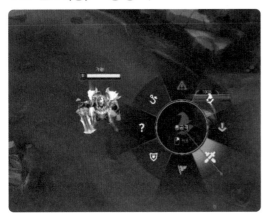

- 한타 전 혹은 오브젝트 교전 시 아군 전체가 힘을 합쳐 교전해야 할 때 사용한다.
- 최근에 추가된 신호로 많이 사용되지는 않는다.

사용 방법
- G키 혹은 V키 클릭 ➡ 마우스 좌클릭 누르기(지속) ➡ 마우스 좌하단으로 이동 ➡ 좌클릭 떼기 ➡ 신호 사용

02 소환사 주문과 기본 커뮤니케이션 정보

리그 오브 레전드는 플레이어 모두가 사용할 수 있는 소환사 주문이라는 기본 스킬이 2개가 있고, D와 F의 단축키를 사용하며, 모든 스킬 중에서 아주 높은 쿨타임이다.

1. 소환사 주문 (스펠)
- 영어로 Summoner Spell이며 직역하면 소환사 주문이다.
Summoner Spell에서 Summoner을 빼고 Spell(스펠)로 줄여 부른다.

- 챔피언에 구애받지 않고 모든 챔피언이 사용할 수 있는 스킬이다.

- 소환사의 협곡에서 사용할 수 있는 소환사 주문은 유체화, 회복, 탈진, 방어막, 순간이동, 점멸, 강타, 점화, 정화로 총 9가지를 사용할 수 있다.

- 일반적인 챔피언의 고유 스킬에 비해 쿨타임이 매우 길다.

- 쿨타임이 매우 길고 중요한 스킬이기 때문에 스펠을 사용한 경우 상대방이 스펠의 쿨

타임을 생각하고 이를 이용하여 게임을 플레이한다.

- 게임모드(칼바람 나락 등) 별로 사용할 수 있는 스펠이 다르며, 공통적인 스펠도 있다.

2. 소환사 주문의 중요성
- 플레이의 근거 유무는 매우 중요하다. 근거를 알기 위해서는 게임 내에서 발생하는 정보를 빠르고 정확하게 파악하는 것이 중요하다.

- 스펠은 리그 오브 레전드에서 제일 기본이 되는 근거이다. 스펠을 정확하게 확인해야 앞으로의 플레이 방향과 스노우볼을 굴릴 수 있는 기반을 정할 수 있다.

- 또한, 교전에서 우선으로 타겟팅해야 할 챔피언을 정하거나 상황별 이득을 볼 수 있는 중요도를 결정하는 기본이 된다.

- 정보를 정확하게 파악하지 못한 경우, 즉 근거가 약한 경우에는 플레이에 확신이 없어지게 되거나 잘못된 가정을 기반으로 한 플레이가 나오기 쉽다.

- 이런 플레이들을 '감에 의존한 플레이'라고 부른다. 감에 의존한 플레이들이 반복되면 게임의 승패와 관계없이 실력 향상이 어렵게 된다.

3. 방어막(Barrier) 쿨타임 180초

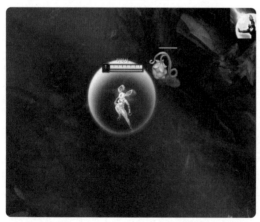

- 2초 동안 방어막으로 감싸 적에게 받는 피해를 흡수한다.
- 힐은 순간적으로 일정 체력을 회복하지만, 방어막은 2초 동안만 방어막이 활성화된다. (힐보다 방어막의 수치가 훨씬 높다)
- 생존을 위한 챔피언이나 체력이 낮은 챔피언들이 주로 사용한다.

4. 점화(Ignite) 쿨타임 180초

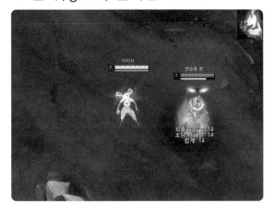

- 적 챔피언을 4초 동안 고정 피해를 입히고 그동안 적 위치를 드러내며 체력 회복 감소 효과를 적용한다.
- 영어로 Ignite로 부르며 한국에서는 이를 줄여 익나 혹은 이그나이트 라고 부른다.
- 미드, 탑, 서포터 챔피언이 주로 사용하며, 초반 점화를 이용하여 킬을 만들어 내기가 쉽다.

5. 유체화(Ghost) 쿨타임 240초

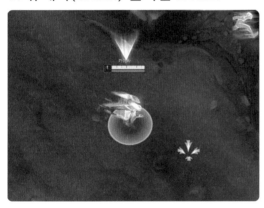

- 챔피언이 10초 동안 유닛과 충돌하지 않으며 이동속도가24~48%까지 증가한다.
- 영어로 Ghost라고 하며 한국에서도 고스트라고 부르는 유저들이 많다.
- 이동속도가 중요한 챔피언들이 많이 사용하고 기동성과 도주 및 추격 능력을 보완해 주기 때문에 한타 및 소규모 교전에서 중요하다.
- 다른 스펠에 비해 즉각적인 시전이 아닌 지속 시전이기 때문에 변수 창출 능력이 낮아 즉각적인 효과를 보기 어렵다.

6. 탈진(Exhaust) 쿨타임 240초

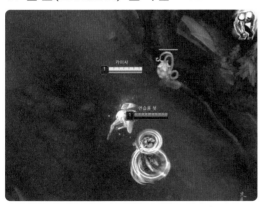

- 적 챔피언을 3초 동안 이동속도와 가하는 피해량을 낮춘다.
- 영어로 Exhaust라 부르며 한국에서는 보통 이를 줄여 익저 라고 부른다.
- 대상을 약화하는 스펠로 서포터 챔피언 혹은 암살자를 상대하는 챔피언이 주로 사용한다.
- 최근 메타에 원딜이 탈진을 들어 게임 중후반 암살자를 대응할 때 사용할 때도 있다.

7. 정화(Cleanse) 쿨타임 240초

- 챔피언에게 적용된 방해효과(제압, 공중으로 띄우는 효과 제외)와 해로운 효과를 제거하고 3초 동안 방해효과의 지속 시간을 감소시킨다.
- 영어로 Cleanse로 불리며 한국에서는 영어로 사용하기보다 대부분 정화라고 사용한다.
- 적이 CC기가 많을 때 딜을 꾸준히 넣어야 하는 원딜이나 미드가 사용하는 경우가 많다.
- 모든 방해효과가 제거되는 것이 아니기 때문에 많이 사용되지는 않는다.

8. 회복(Heal) 쿨타임 240초

- 챔피언과 대상 아군 챔피언의 체력을 회복하고 1초 동안 이동속도가 증가한다. (회복 스킬로 체력을 회복하였을 때 일정 시간 체력 회복 효과가 절반만 적용된다)
- 영어로 Heal이라 부르며 한국에서도 회복이라고 부르기보다는 짧게 힐이라고 부른다.
- 힐을 사용할 때 본인뿐만 아니라 근처 아군(1인)도 힐 효과를 받을 수 있어 두 명이 같이 라인에 서는 바텀라인에서 주로 사용한다.

9. 점멸(Flash) 쿨타임 300초

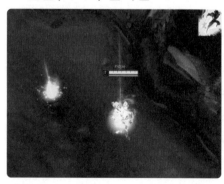

- 마우스 커서 방향으로 챔피언이 짧은 거리를 순간이동 한다.
- 영어로 Flash 라고 부르며 한국에서는 이를 줄여 플 이라고 부른다.
- 리그오브레전드에서 가장 많이 사용하는 스펠이다.
- 짧은 거리를 순간이동을 하는 만큼 지형을 뛰어넘을 수도 있고 다른 챔피언과의 추격 혹은 도주 시에 거리를 벌리는 용도 등 많은 용도로 사용된다.
- 여러 챔피언의 스킬과도 사용할 콤보로 사용하여 대부분의 챔피언이 항상 사용한다.

10. 순간이동(Teleport) 쿨타임 360초

- 4초 동안 정신 집중 후 지정한 아군 구조물로 순간이동 한다.
- 영어로 Teleport 로 부르며 한국에서는 이를 줄여 텔포 라고 부른다.
- 게임 시간 10분 전에는 포탑에만 사용할 수 있으며, 10분 후 강력 순간이동으로 바뀐다.

11. 강력 순간이동 쿨타임 330초~240초

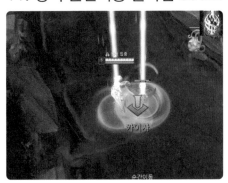

- 4초 동안 정신 집중 후 아군 구조물, 아군 와드, 아군 미니언, 아군 설치물로 순간이동 한다. 순간이동 후 3초 동안 추가 이동속도를 얻는다.
- 탑 혹은 미드 라이너가 많이 사용하며, 라인전이 끝난 이후 한타 혹은 오브젝트 타이밍에 합류를 위해 많이 사용한다.
- 억제기나 쌍둥이 타워까지 파괴한 후 본진에 와드릴 설치 해두면 백도어를 위해 사용할 때도 있다.
- 아군 미니언, 와드, 포탑 및 니달리 매복 덫, 렉사이 땅굴, 자르반 깃창 등 소환물 및 타겟팅 할 수 있는 목표물에도 사용할 수 있다.

12. 강타(Smite) 쿨타임 90초 최대 2개 충전

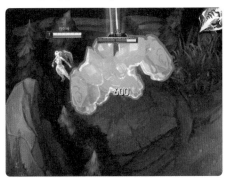

- 정글 몬스터와 미니언을 대상으로 사용할 수 있으며 사용 시 고정 피해를 입힌다.
- 영어로 Smite 로 불리며 한국에서는 강타라고 부르기보다 영어를 줄여 스마 라고 부른다.
- 정글러가 정글전용 아이템을 구매하기 위해 필수적으로 사용해야 하는 스펠이다.
- 강타에는 총 두 번의 스킬 업그레이드를 할 수 있다.
- 스마 싸움이라고 불리는 오브젝트 싸움 때 강타의 높은 대미지로 오브젝트 막타를 먹기 위해 사용한다.

13. 강력 강타

- 강타의 첫 번째 업그레이드로 먹이를 20개 주면 업그레이드된다.
- 업그레이드 후 강타는 챔피언을 대상으로 사용할 수 있으며 챔피언 대상으로 사용 시 고정 피해를 입히고 둔화시킨다.
- 몬스터 대상: 정글 동료가 900의 고정 피해
- 챔피언 대상: 40의 고정 피해를 입히고 2초 동안 20%의 둔화 효과를 적용한다.

14. 원시의 강타

- 강타의 두 번째 업그레이드로 강력 강타에서 추가로 먹이를 20개 주면 업그레이드된다.
- 원시의 강타는 정글 아이템에 따라 총 3가지로 나뉘며, 정글 몬스터와 미니언에는 모두 같은 고정 피해를 주지만, 챔피언에게 사용할 때 각각 다른 디버프 효과를 준다.

① 화염발톱

- 시간이 지남에 따라 또는 몬스터를 처치하면 잉걸불 중첩을 획득합니다. (최대 100중첩) 100 잉걸불 중첩 상태에서 챔피언에게 피해를 입히면 2초에 걸쳐 점차 감소하는 30%의 둔화 효과를 적용하고 4초 동안 불태워 최대 체력의 4%에 해당하는 고정 피해를 입힌다.

② 바람돌이

- 수풀에 들어가면 이동속도가 45% 증가했다 2초에 걸쳐 원래대로 돌아옵니다. 대형 몬스터를 처치하면 이동속도가 60% 증가했다 원래대로 돌아온다.

③ 이끼쿵쿵이

- 캠프 안의 몬스터를 처치하면 180~300 피해를 흡수하는 영구적인 보호막을 획득합니다. 보호막은 전투에서 벗어나고 10초 후에 재생된다.

LEAGUE OF LEGENDS

03 스펠체크

위에서 설명했듯이 모든 스킬 중에서 아주 높은 쿨타임을 자랑하는 만큼 아주 중요한 스킬이다. 그것을 우리 편에게만 적용하는 게 아닌 상대편의 쿨타임을 체크를 해서 상대방의 챔피언을 처치하는 용도로 사용하면 좋다. 그래서 스펠을 체크하려고 한다.

1. 스펠체크 하는 방법

앞에서 스펠체크의 중요성과 스펠 그리고 각 스펠 별로 쿨타임에 대해 알아보았다. 스펠체크를 실전에서 빠르고 정확하게 하는 방법에 대해서 알아보도록 하자.

2. 게임 내 환경설정 '타임 스탬프'설정

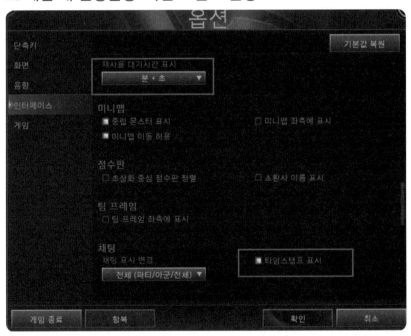

- 리그 오브 레전드에 로그인한 후에 오른쪽 상단의 톱니바퀴 모양의 설정을 클릭해서 설정 창을 연다.
- 설정 창에서 '게임->인터페이스->채팅'에서 타임스탬프 표시에 칸을 체크한다.
- 해당 설정을 켜게 되면, 'tab+스펠 클릭'했을 때 채팅창에 '시간+챔피언명+스펠'이 표시되어 스펠 시간을 계산하는 데 도움이 된다.

3. 스펠 사용

- 게임 도중 상대방 스펠 사용 확인'tab' 키를 누르고 상대방 챔피언 초상화 옆에 스펠 중 사용된 스펠을 클릭하여 채팅창에 시간과 스펠을 기록한다.

- 사용한 스펠의 쿨타임을 계산해 채팅으로 기록한다. 시간을 채팅창에 써넣고 'Ctrl+a' 로 전체 선택을 한다. 'Ctrl+c'로 복사를 한 후에 'Ctrl+v'로 붙여넣기를 하여 빠르게 여러 번 기록한다.

- 한 번만 써도 괜찮으나 채팅에서 사라진 경우 기억하기 어려울 수 있기에 다시 복사 붙여넣기 해서 기록하는 것이 좋다.

4. 스펠 체크 순서

상대방 스펠 사용할 때 해당 스펠의 쿨타임 계산한 후:

엔터 ➡ 스펠 입력 ➡ Ctrl+A ➡ Ctrl+C ➡ 엔터

스펠 사용 확인할 때:

엔터 ➡ Ctrl+V ➡ 엔터

시간이 다 된 스펠 지우기

엔터 ➡ Ctrl+V ➡ Home ➡ Delete ➡ Ctrl+A ➡ Ctrl+C ➡ 엔터

5. 스펠 체크 사용하는 키

① Ctrl+A: 전체 선택

② Ctrl+C: 복사

③ Ctrl+V: 붙여넣기

④ Home: 입력한 문장의 제일 앞으로 가는 명령어

⑤ Delete: 현재 커서 있는 위치의 뒷글자를 지우는 명령어

⑥ 숫자 1,2,3,4,5: 순서대로 탑, 정글, 미드, 원딜, 서포터 or top, jg, mid, ad, sup으로 표기

　각 스펠의 쿨타임을 외우면 좋다. 그중에 텔레포트와 점멸의 쿨타임은 기본적으로 외워두면 좋으며, 특히 룬에서 우주적 통찰력, 아이템에서 명석함의 아이오니아 장화를 사용할 경우의 쿨타임 감소 시간까지 외워두는 것이 좋다.

6. 쿨타임 감소 효과에 따른 쿨타임의 변화

① 점멸

- 기본 : 300초 (5분)

- 우주적통찰력 (이하 우통): 254초 (4분 14초)

- 아이오니아신발(이하 쿨감신) : 268초 (4분 28초)

- 우주적통찰력(룬)+쿨감신 : 230초 (3분50초)

아이오니아신발과 우주적통찰력은 쿨타임을 단축해 주는 효과가 있다.

② 회복, 유체화, 탈진, 정화

- 기본 : 240초 (4분)

- 우통 : 203초 (3분 23초)

- 쿨감신 : 214초 (3분 34초)
- 우통+쿨감신 : 185초 (3분 5초)

③ 점화, 방어막
- 기본 : 180초
- 우통 : 152초 (2분 32초)
- 쿨감신 : 160초 (2분 40초)
- 우통+쿨감신 : 138초 (2분 18초)

④ 텔레포트
- 기본 : 360초 (6분)
- 우통 : 305초 (5분 5초)
- 쿨감신 : 320초 (5분 20초)
- 우통+쿨감신 : 276초 (4분 36초)

⑤ 강력 순간이동 텔레포트
- 기본 : 330초 (5분 30초)
- 우통 : 294초 (4분 54초)
- 우통+쿨감신 : 253초(4분 13초)

04 성격에 맞는 챔피언 선택

리그 오브 레전드에는 168개의 챔피언이 존재하고, 5가지의 라인이 존재한다. 어떠한 챔피언과 라인을 고를지를 고민이 될 경우, 자신의 플레이 스타일과 성향에 맞는 챔피언들과 라인을 찾아 플레이해 보자.

1. 성격에 맞는 챔피언 찾아보기
Ⓐ 남자답게 1대1 진검승부를 좋아하고 어떤 상황이어도 도망가지 않는다.
추천 모데카이저, 말파이트, 잭스, 워윅, 가렌

Ⓑ 어디서든 맨 앞에서 든든하게 앞장서며 친구들을 보호해 준다.
추천 오른, 아무무, 자크, 초가스, 브라움, 말파이트, 노틸러스

Ⓒ 피지컬에 자신이 있고 치고 빠지는 것을 좋아하며 다른 사람을 약 올리는 것이 재미있다.
추천 제드, 르블랑, 아크샨, 리신

Ⓓ 앞에 나서고 튀는 것을 좋아하며 어그로를 잘 끈다.
추천 이즈리얼, 마스터 이, 베인, 트린다미어, 올라프

Ⓔ 다른 사람들이 무엇을 하는지 전혀 관심이 없고 내가 할 것만 한다.
추천 나서스, 피오라, 케일, 티모, 요릭

Ⓕ 어디를 가도 내가 항상 주인공이어야 한다.
추천 벡스, 판테온, 비에고, 마스터이, 징크스(원딜들)

Ⓖ 매우 이기적이다.
추천 제드, 케이틀린, 바루스, 카사딘

Ⓗ 다른 사람을 잘 챙겨주고, 케어하는 것을 좋아한다.
추천 룰루, 소라카, 카르마, 모르가나 (서포터류)

Ⓘ 묵묵하게 할 것을 다 하는데 눈앞에 누가 있는 것을 못 참는다.
추천 노틸러스, 레오나, 말파이트, 렐

2. 성격에 맞는 라인 찾기

① 탑
성격 및 성향
- 공격적인 플레이를 좋아하고 누구와 싸워도 이길 자신이 있다.
- 어떤 게임을 하든지 탱커를 플레이했다.

- 이기적이고 지는 것을 싫어한다.
- 불같은 성격이다.

특징 및 플레이 스타일
- 다른 라인의 개입이 거의 없이 상대 라이너와 1대1 라인전을 주로 한다.
- 라인전이 끝난 후에도 바텀 혹은 탑 라인을 가서 라인을 밀다가 한타가 일어나거나 일어나기 전에 텔레포트를 이용하여 합류한다.
- 뇌지컬 보다는 피지컬을 중요시하여 탱커가 아니면 대부분 스킬을 잘 맞추어야 하는 부르저, AD딜러가 주를 이룬다.

추천 챔피언
탱커 – 말파이트, 쉔 / 부르저(딜탱) – 레넥톤, 잭스, 워윅, 이렐리아

② 정글
성격 및 성향
- 무엇을 할 때 한 가지만 우직하게 하는 것이 아니라 여러 가지를 다 해보고 싶다.
- 어디든지 참견을 많이 한다.
- 심리전을 좋아한다.
- 무엇을 하던 앞에서 끌어 나간다.

특징 및 플레이 스타일
- 게임의 전체적인 템포를 조율한다.
- 상대 정글러의 동선과 위치를 생각하고 예측하는 등의 두뇌 싸움이 중요하다.
- 초, 중반 게임 내 영향력이 가장 높다.
- 게임을 전체적으로 보며 각 라인의 상황과 오브젝트를 위해 대체로 오더를 맡는다.

추천 챔피언
탱커 – 아무무, 자크, 람머스 / 딜러 – 그레이브즈, 비에고

③ 미드
성격 및 성향

- 어디든지 참견을 많이 한다.
- 돋보이는 것을 좋아한다.
- 어디에서나 리더가 되고 싶다.
- 주인공이 되고 싶다.

특징 및 플레이 스타일

 게임의 중앙에서 플레이하며 미드 라인의 주도권이 없으면 모든 라인이 어려워진다.
 정글러와 같이 탑 바텀에 로밍을 다니며 주도적인 플레이를 한다.
 전령과 드래곤 오브젝트 교전 시 항상 개입한다.
 매우 다양한 플레이 스타일이 존재한다. (로밍형 미드, 성장형 미드, 서포터형 미드 등)

챔피언 추천

AP – 벡스, 리산드라, 아리 / AD – 제드, 요네, 판테온

④ 원딜

성격 및 성향

- 낭만을 중요시한다.
- 혼자서는 어떤 일을 할 때 사고를 치거나 잘 안될 때가 많지만 옆에서 조력자가 있으면
잘한다.
- 성장하면 캐리가 가능하다.
- 주인공이 되고 싶다.

특징 및 플레이 스타일

- 게임 초반에는 체력과 대미지 모두 낮아 CS를 파밍 한다.
- 체력이 낮아 암살자 및 브루저 챔피언에게 매우 약하다.
- 게임 후반 어느 정도 성장 후 타 라인보다 높은 캐리력을 가지고 있다.
- 바텀 라인전이 끝난 후 빠른 성장을 위해 미드 라인에 선다.

추천 챔피언

케이틀린, 카이사, 이즈리얼, 바루스

⑤ 서포터

성격 및 성향

- 다른 사람을 위해 희생할 줄 안다.
- 앞에 나서는 것 보다 뒤에서 도와주는 것을 좋아한다.
- 욕심이 없다.
- 나보다 다른 사람의 성장에 만족감을 느낀다.

특징 및 플레이 스타일

- 게임 초반 약한 원딜을 보조하며 성장시킨다.
- 전체적인 맵의 시야를 장악한다.
- 강력한 이니시에이팅을 하거나 적의 딜러로부터 아군을 지킨다.
- CS 파밍을 하지 않는 유일한 라인이다.

추천 챔피언

블리츠크랭크, 노틸러스, 룰루, 카르마

2. 실습 – 성격에 맞는 라인 찾기

① 내 성격에 맞는 라인과 추천 챔피언을 선택한 후 연습 모드에서 챔피언 스킬과 추천 아이템 알기
② AI 봇 전을 통해 선택한 챔피언 숙련도 올리기
③ 각 라인을 한 번씩 해서 각 라인 특징 익히기
④ 내 성격에 맞는 찾은 라인과 챔피언을 가지고 숙련도를 높이면서 "일반 게임"에서 소환사 레벨업 하기

제 4장

룬의 이해

리그 오브 레전드를 플레이 함에 있어 필수적 선택 요소인 룬에 관한 설명이며, 룬은 각기 다른 특성이 있어 어떠한 룬을 선택하는지에 따라 얻는 효과가 달라진다. 챔피언에게 맞는 특성 룬을 선택하는 것이 중요하며 이는 좋은 효율을 만들어 낼 수 있다. 기본적인 룬 특성들을 파악하고 챔피언에게 활용하기 위해 직접 룬을 제작해 적용해 보자.

01 룬의 종류

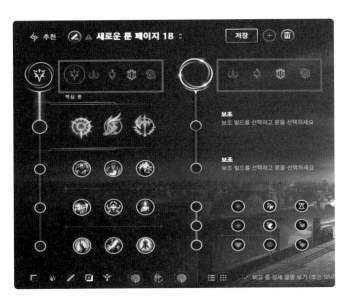

정밀, 지배, 마법, 결의, 영감 5가지로 나뉘고 그 안에 3가지씩 총 15가지의 중요 핵심 룬과 우측의 45개의 보조 룬 등 총 60가지의 룬이 있다.

좌측 상단의 핵심 빌드와 우측 상단의 보조 빌드 그리고 빌드 보너스 능력치로 구성되어 있으며 룬을 제작하고 저장하는 곳을 룬 페이지라고 부른다.

- 핵심 빌드 : 핵심 룬 한 단계와 일반 룬 3단계
- 보조 빌드 : 45개의 룬을 가지고 있으며 핵심 룬을 보조
- 룬 파편 : 9가지의 보너스 능력치 중 각 단계에서 하나씩 선택할 수 있고 같은 단계에서 두 개의 룬을 고를 수 없다.

   핵심 빌드에서는 핵심 룬 1개와 일반 룬 3개 중 단계별로 한 개씩 사용할 수 있고, 보조 빌드에서는 3개의 단계 중 두 개만 사용할 수 있다.

1. 핵심 룬

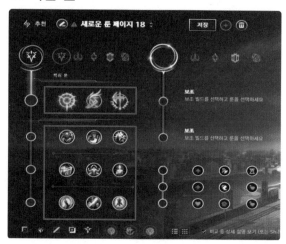

- 다섯 가지의 핵심 빌드 중 한 가지 핵심 룬을 선택하고 3가지 핵심 룬 중 한 가지 룬을 골라 선택하면 된다.

2. 보조 빌드

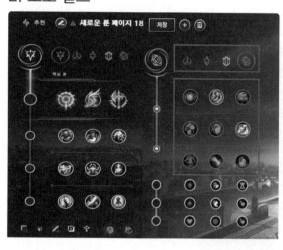

- 추가적인 효과를 주는 보조 빌드는 해당 핵심 빌드에서 선택 룬을 제외한 4가지 보조 룬 중 선택할 수 있다.
- 즉, 핵심 룬에서 정밀 룬을 선택할 경우, 보조 룬에서 같은 정밀 룬 계열을 선택할 수 없다.
- 보조 빌드에서는 3개의 단계 중 두 개만 사용할 수 있다.

3. 빌드 보너스

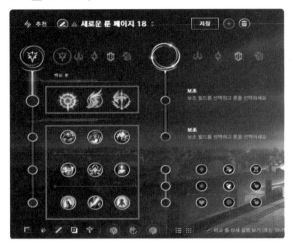

능력치는 총 3가지를 선택할 수 있으며 단계별로 공격 능력치, 유연 능력치, 방어 능력치에서 각각 한 개씩 선택할 수 있다.

- 공격

적응형 능력치 +9 (공격력 +5.4 또는 주문력 +9)

공격 속도 +10%

스킬 가속 +8

- 유연

적응형 능력치 +9 (공격력 +5.4 또는 주문력 +9)

이동 속도 +2%

체력 +10 ~ 180 (레벨에 비례)

- 방어

체력 +65 강인함 및 둔화 저항 +10%

체력 +10 ~ 180 (레벨에 비례)

공격력 189원, 주문력 180골드, 공격 속도 250골드, 스킬 가속(점화석 기준) 213.3 골드, 이동 속도(비상의 월갑 기준) 160골드, 고정 체력 173.3골드, 성장 체력 26.7 ~ 480골드

4. 룬페이지

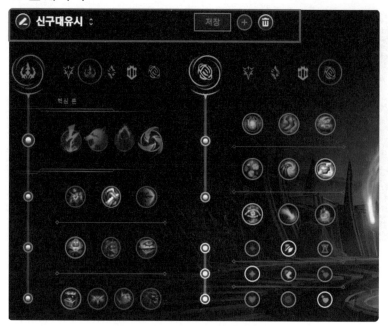

룬페이지 이름을 설정하고 룬을 저장한다.

기본적으로 챔피언에게 맞는 룬들이 존재하는데 평소에 자신이 자주 사용하는 챔피언들이 있다. 룬페이지는 이러한 룬을 미리 저장할 수 있고 불러와 사용할 수 있으며, 이는 제한된 시간 동안 룬 선택과 결정을 하는 데 있어 도움을 준다.

02 룬 파악하고 직접 제작하기

게임 시작 전에 챔피언을 선택하면, 추천 룬이 3가지가 있고, 추천 룬을 골라서 해도 되지만, 자신에게 맞는 룬과 상대방에 맞춘 룬 선택이 필수이다. 그래서 자신만의 룬을 만들기 위해서 다양한 룬에 대해서 알아보자.

1. 정밀

공격 강화 및 지속적 피해 강화에 특화되어 있으며, 원딜 혹은 AD브루저(전사) 챔피언들이 많이 사용한다.

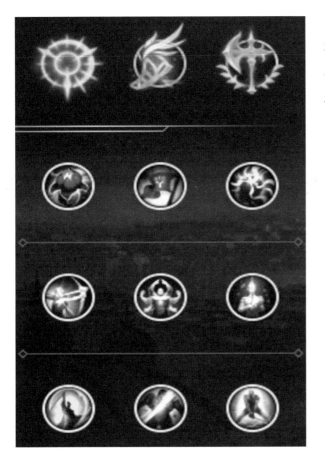

평타 강화, 공격 속도 강화, 스킬 강화 등의 효과가 주를 이룬다. 핵심 룬부터 일반 룬까지 모두 전투와 관련되어 있다.

① 집중 공격(핵심 룬)

- 적 챔피언에게 연속으로 3회 기본 공격을 가하면 레벨에 따라 추가 피해를 입히고 적의 약점을 노출시킨다. 약점에 노출된 적은 6초 동안 모든 상대에게서 추가 피해를 입는다.
- 평타를 단시간 안에 빠르게 사용하거나 평타를 여러 번 사용하는 스킬을 가진 챔피언들이 주로 사용한다.

추천 챔피언 트리스타나, 이즈리얼, 아크샨, 판테온, 레넥톤

② 기민한 발놀림(핵심 룬)

- 공격 또는 이동 시 충전 중첩이 쌓이며 중첩이 100에 도달하면 충전 상태가 된다. 충전 상태가 되면 다음 기본 공격 시 체력이 조금 회복되며 1초 동안 이동 속도가 20% 증가한다.
- 기민한 발놀림의 충전 중첩은 키르히아이스의 파편의 충전 효과와 중첩을 공유하여 키르히아이스의 파편의 상위 아이템들과도 중첩을 공유한다. 충전 상태에서 기본 공격 시 기민한 발놀림 효과와 아이템의 효과가 같이 발동된다.
- 히트 앤 런이 중요한 챔피언이 많이 사용하며 기본 공격 위주의 챔피언 중 상대 라이너가 견제에 특화 되어있는 챔피언일 경우에도 종종 사용한다.

추천 챔피언 그레이브즈, 진, 케이틀린, 카사딘

③ 정복자(핵심 룬)

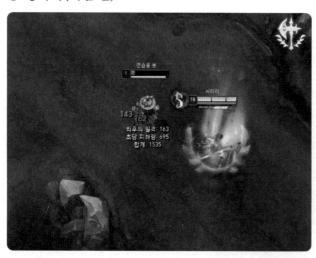

- 적 챔피언에게 기본 공격이나 스킬로 피해를 입히면 5초 동안 중첩을 2를 획득한다. 최대 12회까지 중첩되며 중첩마다 적응형 능력치를 얻는다. (원거리 챔피언 기본 공격은 1의 중첩) 최대 중첩 시 챔피언에게 입힌 피해량의 8% 체력을 회복한다. (원거리 챔피언은 5%)
- 주로 스킬과 기본 공격을 섞어 지속해서 교전하며 정복자 중첩을 빠르게 쌓을 수 있는 챔피언이 선택하며 전사 역할 군의 챔피언이 가장 많이 사용하는 룬이다.

추천 챔피언 올라프, 가렌, 아트록스, 사미라, 리신

④ 승전보

- 적을 처치 후 승전보 효과로 체력을 회복

- 챔피언 처치 또는 어시스트 시 잃은 체력의 5%와 최대 체력의 2.5%를 회복하며 추가로 20골드를 획득한다.

- 체력이 중요한 전사 챔피언이나 생존이 중요한 원거리 딜러 등 정밀 룬을 사용하며 가장 많이 사용하는 보조 룬이다.

추천 챔피언   원거리 딜러, 리신, 자르반 4세, ,다리우스

⑤ 생명 흡수

- 대상 처치 시 일정 체력을 회복합니다.
- 미니언, 몬스터 및 모든 적을 처치할 때 체력을 회복하기에 라인 전 단계의 유지력 측면에서 매우 유용하다. 한타 및 교전에서 좋은 승전보와 선택적으로 갈린다.

⑥ 침착

- 침착 효과로 마나를 회복

- 적 챔피언에게 피해를 입히면 4초 동안 마나 재생이 증가한다. (기력 챔피언은 초당 1.5의 기력을 얻는다) 처치 관여 시 최대 마나(기력)의 15%를 얻는다.
- 기력 챔피언이나 교전 시 마나가 부족한 챔피언들이 많이 사용한다.

추천 챔피언 징크스, 세나, 루시안, 이즈리얼, 카사딘

⑦ 전설 중첩(공통)
- 챔피언 처치 관여, 에픽 몬스터 처치 관여, 대형 몬스터(4개) 처치, 미니언 처치(25개) 시 마다 전설 중첩을 얻는다.

⑧ 전설 : 민첩함
- 기본 공격 속도가 3% 증가하고, 전설 중첩당 1.5%의 공격 속도가 추가로 증가한다. (최대 중첩 횟수 10회)

⑨ 전설 : 가속
- 기본 스킬 가속이 전설 중첩당 1.5 증가한다. (최대 중첩 횟수 10회)

⑩ 전설 : 핏빛 길
- 전설 중첩당 생명력 흡수가 0.35% 증가하며, 최대 중첩 시 최대 체력이 85 증가한다. (최대 중첩 횟수 10회)

⑪ 최후의 일격
- 체력이 40% 이하인 적 챔피언에게 주는 피해량이 8% 증가한다.

⑫ 체력차 극복
- 체력이 50% 이상인 적 챔피언에게 주는 피해량이 8% 증가합니다.

⑬ 최후의 저항
- 자신의 체력이 60% 이하일 때 체력이 낮은 정도에 비례해 적 챔피언 공격 시 5% ~ 11% 추가 피해를 입힌다.
(체력이 30% 이하일 때 최대 피해량에 도달)

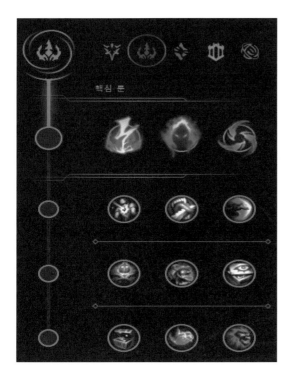

2. 지배 (핵심룬)

순간 대미지를 높여주고 시야 확보 및 제거와 대상에게 접근을 용이하게 해주어 주로 암살자 챔피언들이 많이 사용한다.
스킬 강화와 시야 장악을 위한 룬이 주를 이룬다.

① 감전(핵심 룬)

-적 챔피언에게 3초 동안 3회 공격을 적중시키면 추가 적응형 피해를 입힌다.

-짧은 시간에 많은 대미지를 넣는 챔피언이 많이 사용한다.

주로 스킬 2개와 평타 1회를 섞어 3회 감전을 터뜨린다.

추천 챔피언 르블랑, 제드, 아리, 피즈

② 어둠의 수확(핵심 룬)

- 어둠의 수확 스택을 획득 모습

- 체력이 50%보다 낮은 챔피언에게 피해를 입히면 추가 적응형 피해를 입히고 해당 챔피언의 영혼을 수확하며 어둠의 수확 효과의 피해량이 영구적으로 5만큼 증가한다. (45초의 쿨타임을 가지고 있지만 처치 관여할 때 1.5초로 초기화된다)

- 무한적으로 스택을 쌓을 수 있어 게임이 길어지면 길어질수록 챔피언이 무한하게 강해진다.

- 대부분 딜러형 정글러나, 견제형 챔피언들이 많이 사용한다.

추천 챔피언 니달리, 릴리아, 쉬바나, 에코, 이블린

③ 칼날비(핵심 룬)

- 적 챔피언에 대한 3번째 기본 공격까지 공격 속도가 110% 증가한다. 3초 안에 다음 공격을 가하지 못하면 효과가 사라지며 재사용 대기시간은 12초이다.

- 평타 의존도가 높은 정글 챔피언이나 기본 공격으로 스택을 쌓는 챔피언들이 주로 사용한다.

추천 챔피언 렉사이, 샤코, 카이사, 트리스타나, 파이크

④ 비열한 한 방

- 이동 또는 행동을 방해받은 상태의 챔피언에게 피해를 주면 레벨에 따른 추가 고정 피해를 입힌다. 주로 CC를 가지고 있는 챔피언들이 사용한다.

⑤ 피의 맛

- 적 챔피언에게 피해를 입히면 체력을 회복한다. 비열한 한 방과 돌발 일격을 사용하지 않는 챔피언들이 피의 맛을 사용한다.

⑥ 돌발 일격

- 돌진, 도약, 점멸, 순간이동을 사용하거나 은신에서 빠져나온 뒤 적 챔피언에게 기본 공격과 스킬 피해로 주면 4초 동안 추가 고정 피해를 입힌다.

- 주로 이동 관련 스킬이 있거나 은신 스킬이 있는 암살자 챔피언들이 사용한다.

⑦ 좀비 와드

- 적 와드 파괴 관여 시 그 자리에 좀비 와드를 생성한다. 좀비 와드가 생성될 때마다 최대 10회 중첩되는 적응형 능력치를 얻는다. 좀비 와드는 적이 볼 수 있고 가까이 가면 없어진다. 지속 시간 120초며 로밍에 좋은 챔피언들이 주로 사용한다.

⑧ 유령 포로

- 자신이 설치한 와드의 지속 시간이 끝나면 유령 포로가 남아 90초 동안 해당 지역에 시야를 밝힌다. 유령 포로가 생성되거나 적 챔피언이 발견할 때마다 최대 10회까지 중첩되는 적응형 능력치를 얻는다. 적 챔피언이 유령 포로를 발견하면 유령 포로는 사라진다.

⑨ 사냥의 증표

- 챔피언 처치에 관여하면 최대 10개까지 얻을 수 있는 증표를 얻는다. 증표로 적응형 능력치를 얻는다.

챔피언 처치 관여 시마다 증표 1개를 얻는다.

⑩ 현상금 사냥꾼 중첩(공통)

- 적 챔피언을 처치하는 데 처음 관여할 때 중첩이 생긴다(챔피언당 1개 최대 5개).

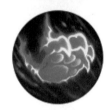

⑪ 끈질긴 사냥꾼

- 전투에서 벗어나 있을 때 이동 속도가 5 증가하며 이동 속도가 중요한 정글 챔피언들이 사용한다. 현상금 사냥꾼 중첩 하나당 이동 속도가 8씩 증가한다.

⑫ 궁극의 사냥꾼

- 궁극기 스킬 가속이 6 증가하고 현상금 사냥꾼 중첩당 5씩 증가한다. 궁극기의 비중이 높은 미드 챔피언들이 주로 사용한다.

LEAGUE OF LEGENDS

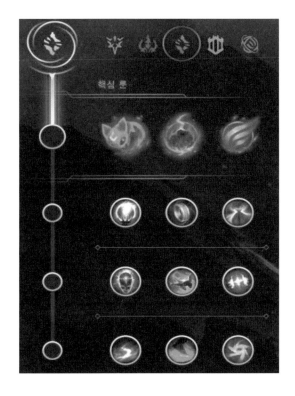

3. 마법

스킬을 강화하거나 이동 속도 관련하여 효율적으로 관리할 수 있다. 스킬을 많이 사용하는 챔피언이나 이동 속도를 중요시하는 정글러가 많이 사용한다. 포킹관련 스킬을 많이 사용하고 마나가 부족한 챔피언이 활용하여 좋은 시너지를 낸다.

① 콩콩이(핵심 룬)

- 적 챔피언을 기본 공격 또는 스킬로 공격 시 콩콩이를 보내 적응형 피해를 주거나 아군에게 보호막 또는 버프 스킬을 사용하면 콩콩이를 보내 보호막을 씌운다.
- 콩콩이의 재사용 대기시간은 매우 짧아 스킬을 자주 사용하는 챔피언이나 평타와 버프 스킬 혹은 지속 딜링 스킬이 있는 많은 챔피언이 주로 사용한다.
- 콩콩이가 날아가 적에게 피해를 준다.
추천 챔피언 룰루, 나미, 세라핀, 카르마

② 신비로운 유성(핵심 룬)
- 신비로운 유성이 적에게 대미지

- 장거리에서 스킬을 날려 포킹을 하는 챔
피언들이 많이 사용하고 챔피언에게 스킬
로 피해를 주면 해당 위치에 유성을 날려
피해를 입힌다. 재사용 대기시간은 스킬을
맞출수록 짧아진다.
- 유성의 대미지가 상당히 높아 둔화 효과
를 주는 스킬과 같이 사용하면 맞추기 쉽
다.

추천 챔피언 제라스, 럭스, 럼블, 벨코즈, 브랜드, 카르마

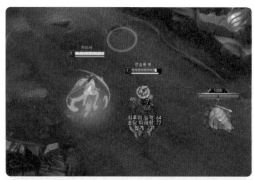

③ 난입(핵심 룬)
- 난입효과로 이동 속도가 순간적으로 상
승

- 4초 안에 한 챔피언에게 3번의 공격을 적
중시키면 이동 속도와 75%의 둔화 저항 효
과를 얻는다. 주로 히트 앤 런을 하는 챔피
언들이나 적 챔피언을 추격하면서 스킬을
사용하는 챔피언들이 주로 사용한다.
추천 챔피언 누누, 라이즈, 신드라, 스카
너, 제이스

④ 무효화의 구체

- 마법 피해를 당하여 체력이 30% 이하가 되면 4초 동안 마법 피해를 흡수하는 보호막이 생긴다. 상대 라이너가 AP 챔피언이면 사용한다.

⑤ 마나순환 팔찌

- 적 챔피언에게 스킬을 적중하면 최대 마나가 영구적으로 25만큼 증가하며 마나순환 팔찌를 사용하여 최대 마나량이 250에 도달하면 5초마다 잃은 마나의 1%를 회복한다.

- 스킬을 많이 사용하여 마나가 부족한 챔피언들이 사용한다.

⑥ 빛의 망토

- 소환사 주문을 사용 후 2초 동안 이동 속도가 증가하고 유체화 효과를 얻는다. 마법 공학 점멸을 사용하거나 소환사 주문을 많이 사용하는 챔피언이 사용한다.

⑦ 깨달음 (Transcendence)

- 5레벨: 스킬 가속 +5, 8레벨: 스킬 가속 +5 (스킬 재사용 시간 감소를 효과 스펠과는 별개)

- 11레벨: 챔피언 처치 관여 시 기본 스킬의 남은 재사용 대기시간 20% 감소한다. 메이지 챔피언, 유성 및 콩콩이 계열 서포터, 스킬 기반 암살자들이 주로 사용한다.

⑧ 기민함(Celerity)

- 기본적으로 이동 속도를 1% 추가로 얻고 모든 추가 이동 속도 효과가 7% 증가한다. 빛의 망토 + 마법 공학점멸 + 기민함 시너지 하나만을 보고 기민함을 선택하기도 한다. 기민함은 추가 이동 속도를 올릴수록 효율이 높아지기 때문에 누구나 고려가 가능한 끈질긴 사냥꾼과 다르게 이동 속도가 중요한 챔피언들이 다른 이동 속도 룬, 아이템과 함께 시너지를 보고 사용한다.

- 주로 이동 속도 증가 스킬이나 룬이 있는 챔피언, 특히 정글 챔피언이 선택한다.

⑨ 절대 집중(Absolute Focus)

- 체력이 70% 이상일 경우에 레벨에 따라 적응형으로 추가 공격력 최대 18 또는 추가 주문력 최대 30의 효과를 얻는다.

- 1레벨에 1.8의 공격력 또는 3의 주문력을 얻는다.

주도권이 있어 라인전을 강하게 하는 챔피언이나 포킹형 챔피언들이 사용한다. 사거리가 긴 견제기를 보유하거나 기습에 특화된 챔피언 같은 럼블, 이블린, 제이스, 탈론, 케이틀린 혹은 자체 회복 기술을 보유하거나 체력 유지관리가 쉬운 챔피언 유미, 소나 등의 챔피언이 선택한다.

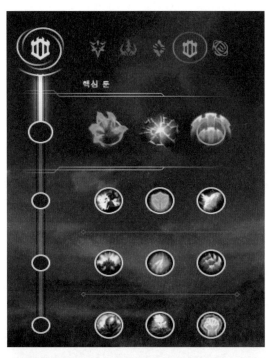

4. 결의

탱커 챔피언을 위한 룬이다. 대체로 체력 회복이나 피해량 감소처럼 전장에서 오래 버틸 수 있는 룬들이 주를 이루며 내구력과 군중 제어 및 회복에 대한 특성 구성이 높은 비중으로 구성되어 있다.

탱커와 브루저 챔피언들이 주로 사용하고 다수의 탑 챔피언이 사용한다.

① 착취의 손아귀(핵심 룬)

- 착취 효과 발동

\- 전투 중 4초마다 챔피언에 대한 기본 공격 시 다음 효과를 얻는다.

· 자신 최대 체력의 3.5%에 해당하는 추가 마법 피해

· 자신 최대 체력의 1.2%+3에 해당하는 체력을 회복

· 영구적으로 체력 7 증가

\- 지속적인 교전보다는 아웃 파이터의 견제형 챔피언들이 선호한다.

\- 원거리 챔피언: 피해량, 회복량, 체력 영구 증가량이 40% 감소한다.

추천 챔피언 갱플랭크, 그라가스(탑), 나르, 마오카이

② 여진(핵심 룬)

\- 여진 효과 발동

\- 적을 이동 불가 상태로 만들면 2.5초 동안 방어력과 마법 저항력이 증가하며, 폭발이 일어나 근처 적에게 마법 피해를 입힌다.

\- 적 챔피언에게 기절, 속박, 제압, 넉백, 에어본, 도발, 공포, 매혹, 수면 등의 하드 CC기를 적중시켜야 한다.

\- 여진을 발동시킬 하드 CC기가 없는 챔피언이 이 룬을 들면 게임이 시작했을 때 착취의 손아귀로 강제 변경된다.

추천 챔피언 하드 CC기를 가진 챔피언인 쉔, 노틸러스, 레오나, 럼머스 등

③ 수호자(핵심 룬)

- 수호자 보호막 효과 발동
- 자신으로부터 350유닛 내에 있는 아군이나 자신이 스킬의 대상으로 삼은 아군을 3초 동안 보호한다. 사정거리 안에 아군이 일정량의 피해를 보면 둘 모두에게 2초 동안 보호막이 생성된다.
- 근처 아군이 적 챔피언이나 에픽 몬스터, 정글 몬스터에게 공격당했을 때 발동한다.
- 혼자서는 발동시킬 수 없어 거의 서포터 전용 특성이다.

추천 챔피언 라칸, 바드, 소라카, 밀리오, 브라움, 쓰레쉬, 타릭, 탐 켄치(서포터), 레나타 글라스크

④ 철거(Demolish)

- 포탑으로부터 600 범위 안에 있을 경우 3초에 걸쳐 포탑에 대한 강력한 공격을 충전 후 포탑 공격시 포탑에 1회 물리 추가 피해를 입힌다.
- 효과가 준비되었을 때 적 포탑 근처에 가면 여섯 개의 수정이 나타나 3초에 걸쳐 하나씩 사라지고, 수정이 모두 사라졌을 때 포탑에게 기본 공격을 하면 자신의 최대 체력에 비례한 추가 피해를 입힌다.

⑤ 생명의 샘(Font of Life)

- 적 챔피언의 이동을 방해하면 자신과 주위의 체력이 가장 낮은 아군 챔피언이 체력을 회복합니다. 원거리 챔피언의 경우 회복 효과가 70%로 감소합니다.

⑥ 보호막 강타 (Shield Bash)

- 보호막이 지속되는 동안 추가 방어력과 마법 저항력을 얻습니다. 새로운 보호막을 얻으면 적 챔피언에게 다음 기본 공격 시 적응형 피해를 추가로 입힙니다.

⑦ 사전 준비 (Conditioning)

- 12분 후 방어력 +8 및 마법 저항력 +8 증가와 동시에 방어력 및 마법 저항력 3% 증가한다.

후반을 바라보는 탱커를 위한 룬이지만 효율이 높지 않다.

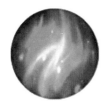

⑧ 재생의 바람 (Second Wind)

- 챔피언에게 피해를 입으면 10초 동안 잃은 체력의 4% + 3만큼 회복한다. 성장이 필요해 버티는 라인전을 하거나 견제형 챔피언을 상대로 결의를 드는 대부분 챔피언이 선호한다.

⑨ 뼈 방패 (Bone Plating)

- 적 챔피언으로부터 피해를 입은 뒤 적이 가하는 3회의 스킬 및 기본 공격으로부터 피해량이 고정 수치만큼 감소 한다.

- 한방 콤보에 터뜨리지 못하면 자신이 죽는 암살자에 대처하는 데 매우 효율적이다. 자신보다 사거리가 긴 챔피언에게 쉽게 쿨 타임이 소모된다.

⑩ 과잉 성장 (Overgrowth)

- 근처에서 몬스터 또는 적 미니언이 8마리 죽을 때마다 최대 체력이 영구적으로 3씩 증가한다. 몬스터 또는 적 미니언을 120마리 흡수하면 최대 체력이 추가로 3.5% 증가한다. CS 80개당 30의 추가 체력을 주는 룬

⑪ 소생 (Revitalize)

- 보호막 및 체력 회복 효과가 5% 증가합니다.

- 체력이 40% 이하인 대상에게는 자신이 사용하거나 받는 회복과 보호막 효과가 10% 강화된다.

⑫ 불굴의 의지 (Unflinching)

- 군중 제어 스킬에 영향을 받을 때와 그 이후 2초 동안 방어력과 마법 저항력이 2 ~ 10 (레벨에 비례) 증가한다.

5. 영감

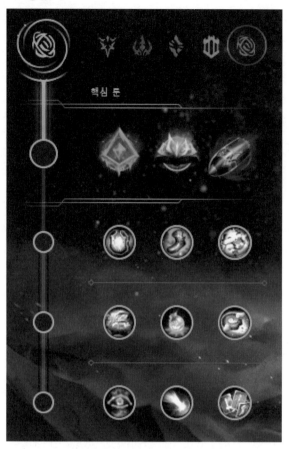

유틸성과 재화에 특화 되어있는 룬이다.

초반 좋은 효율로 안정적으로 플레이해 나갈 수 있고 중반에 효율을 극대화할 수 있게 구성되어 있으나, 후반에는 다른 룬에 비해 효율이 크게 떨어진다.

범용성과 유틸리티가 뛰어난 룬이 많아서 유통기한 챔피언이건, 성장형 챔피언이건 가리지 않고 보조 룬으로 많이 채용한다. 유통기한 챔피언들은 초반 강점을 극대화할 수 있고, 성장형 챔피언들은 돈을 절약하면서 안정적인 초반 성장을 할 수 있기 때문이다.

① 빙결 강화 (핵심 룬)

- 빙결 효과 발동
- 빙결 광선이 자신과 근처 다른 챔피언을 향해 뻗어 나와 3초 동안 적들을 둔화하고 자신을 제외한 아군에게 입히는 피해를 15% 감소시키는 빙결 영역을 생성한다. 유틸리티 서포터나 포킹형 같은 HP가 적은 챔피언일 때 사용하면 좋다.

추천 챔피언 강력한CC기챔피언들

② 봉인풀린 주문서 (핵심 룬)

- 장착된 소환사 주문을 한 번 사용 가능한 다른 소환사 주문으로 바꾼다.

- 이전에 쓰지 않은 새로운 소환사 주문으로 교환할 때마다 교환의 재사용 대기시간이 영구적으로 25초씩 감소합니다.
- 첫 번째 교환은 6분부터 가능하고 최초 교환 후 재사용 대기시간은 5분이다.
- 비전투 중에만 주문이 변경할 수 있고 교환한 소환사 주문을 사용한 후 3번 더 교환해야 첫 번째 사용했던 소환사 주문을 선택할 수 있다.

 - 유틸성이 다소 부족한 챔피언들이 사용한다.

추천 챔피언   나서스, 신지드, 오른, 트위스티드 페이트

봉인풀린 주문서로 스펠 교체

③ 선제공격 (핵심 룬)
- 선제공격으로 추가 피해와 골드 획득

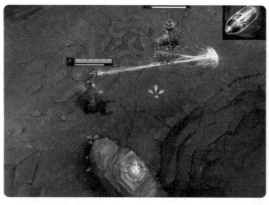

- 전투 시작 후 0.25초 이내에 적 챔피언에게 기본 공격이나 스킬로 피해를 입히면 5골드를 획득하고 3초 동안 선제 공격 효과를 얻어 자신의 기본 공격이나 스킬이 모든 챔피언에게 7%의 추가 고정 피해를 입히며 입힌 추가 피해량만큼 골드를 획득한다.
- 재사용 대기시간 25~15초(레벨에 따라)가 적용된다.

- 자신이 먼저 공격받더라도 0.25 내에 반격하면 선제공격 효과가 발동한다.

추천 챔피언   원거리에서 일방적으로 견제할 수 있는 챔피언

갱플랭크, 미스 포츈, 베이가, 빅토르, 신드라, 아지르, 애니, 이즈리얼, 제드, 제이스, 제라스, 코르키, 탈리야 등

④ **마법 공학 점멸기(Hextech Flashtraption)**
- 점멸이 재사용 대기 중일 때 마법공학 점멸로 대체된다.
- 2초간 정신을 집중한 뒤 선택한 지점으로 도약한다.

- 재사용 대기시간은 20초이며 챔피언과 전투에 돌입할 때 10초의 재사용 대기시간이 적용되어 마법 공학 점멸기를 사용할 수가 없다.

⑤ **마법의 신발(Magical Footwear)**

\- 게임 시작 후 12분에 약간 신비한 신발 아이템을 얻는다. 그전까지는 신발류 아이템을 구매할 수 없다.

\- 챔피언 처치에 관여할 때마다 장화 획득 시점이 45초씩 앞당겨진다.

\- 약간 신비한 신발 아이템으로 이동 속도가 10 증가한다.

⑥ **환급(Cash Back)**

\- 전설급 아이템 구매 시 골드를 6% 돌려받습니다.

⑦ **우주적 통찰력**

\- 소환사 주문 가속 +18, 아이템 가속 +10 효과를 얻는다.

\- 스펠을 사용했을 경우 다음 스펠을 더 빨리 써서 우위를 가져올 수 있고, 정글러의 경우 정글링을 보완하는 것은 물론 오브젝트 타이밍에 강타가 없는 상황을 줄일 수 있다.

⑧ **쾌속 접근(Approach Velocity)**

\- 이동 방해 스킬에 맞은 근처의 적 챔피언에게 이동할 때 이동 속도가 7.5% 증가한다.

\- 적 챔피언에게 이동 방해 스킬을 맞히고 해당 적에게 이동할 때는 이동 속도가 15%까지 증가한다.

\- 아군 군중 제어 사용 범위: 1000

⑨ **다재다능(Jack Of All Trades)**

\- 아이템으로 얻은 서로 다른 능력치 하나당 잭 중첩을 얻습니다. 중첩 하나당 스킬 가속이 1 증가한다.

\- 5회 및 10회 중첩 시 각각 10 또는 25의 추가 적응형 능력치를 획득한다.

\- 잭 중첩은 오로지 아이템으로 얻어야 하며, 일시적인 능력치는 포함되지 않는다. 잭 중첩을 만족하는 서로 다른 능력치는 총 20가지이다.

6. 실습

① 정밀, 지배, 마법, 결의, 영감 각각의 핵심 룬 총 15개 대표 챔피언 1개씩 선택해 적용해 보고 플레이하기

예 집중 공격 - 이즈리얼 이유: 상대가 피가 적은 챔피언들이어서 짧은 Q스킬과 평타의 연계로 폭딜 넣으려고

정복자 - 사미라 이유: 상대 서포터가 근거리거나 평타를 많이 칠 수 있을 때

난입 - 라이즈 이유: 이동기가 없으므로 스킬 연계 이후 생존을 위해

여진 - 노틸러스 이유: 먼저 상대에게 이니시를 하는 역할이며 여진의 방마저 증가를 이용하여 탱킹 능력을 강화

② 일반게임 할 때, 추천 룬이 아닌 직접 자신만의 룬을 선택하여 플레이해 보자.

제 5장

게임의 시작 : 인베이드

리그 오브 레전드는 1:1이 아닌 5:5대 팀 게임이며 자신의 라인과 챔피언들을 정했다면 이제 리그 오브 레전드라는 게임의 근본인 팀 게임을 시작 해 보자.

팀 게임이기 때문에 혼자만 잘한다고 승리하는 게 아닌 서로 조율하고 도우면서 팀플레이를 해야 한다.

일반게임 5인큐 플레이를 통해 게임을 시작했을 때 제일 먼저 일어날 수 있는 팀 교전인 인베이드 단계에서 어떻게 해야 할지 판단 할 수 있는 근거와 셋업 및 공격부터 방어까지 다양한 개념에 대하여 알아보자.

01 인베이드의 개념과 메커니즘

인베이드는 Invade라는 영어로 침공하다, 쳐들어가다 라는 뜻이 있으며 롤에서의 정의는 "게임 시작 직후 미니언과 몬스터가 생성되기 전에 상대 진영으로 난입하여 벌어지는 전투"를 뜻한다.

"인베를 가다"는 상대 진영으로 난입하자 의미이며, 인베 방어는 말 그대로 상대가 들어올 것을 대비하여 방어 포지션을 잡고 있는 것이다.

보통 바텀 라이너가 리쉬를 많이 해서 블루팀 레드 혹은 레드팀 블루에서 많이 일어나며 한국에서는 인베이드 보다 줄여서 "인베"라고 부른다.

　반면, 정글러가 버프 몬스터를 잡는 타이밍에 가는 인베이드를 늦은 인베이드를 줄여 "늦베" 라고, 부른다.

1. 인베이드 셋업과 공격과 방어의 메커니즘

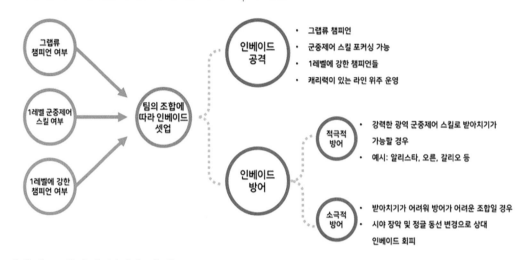

인베이드 메커니즘(이하 인베)

① 스킬에 블리츠크랭크, 노틸러스와 같이 그랩 스킬을 보유한 챔피언이 있으면 기본적으로 인베를 가기가 좋다.

② 스킬에 갈리오, 알리스타, 렐 등 근접 광역 도발이나 에어본 등의 CC기 스킬을 가지고 있는 챔피언이 있으면 적의 인베를 방어하면서 역으로 선취점을 얻을 수 있다.

③ 인베를 갈 때는 항상 팀에서 인베이드에 유용한 CC를 가진 챔피언이 대열의 맨 앞에서 진입해야 한다.

④ 인베를 할 때 1레벨 교전 시 하나의 챔피언을 빠르게 포커싱하여 처치하거나, 5대5 한타를 이길 수 있는지 아군과 적군의 조합을 확인해야 한다.

⑤ 아군에 AD 딜러가 적군보다 많다면 1레벨 교전에서 승리하기 쉽다. (1레벨에 스킬이

강력한 챔피언이나 스킬 쿨타임이 짧은 챔피언이 있을 때도 가능)

⑥ 인베이드를 갈 때 항상 선봉에서 진입하는 챔피언이 렌즈를 활용하여 적의 와드가 있는 것을 확인하거나 반격을 위해 부숴나 시야가 없는 곳에서 대기하고 있는 적을 알 수 있다. 렌즈를 활성화하여 확인하지 않고 진입하면 반격을 당하기 쉽고, 게임이 초반부터 매우 어렵게 흘러갈 수 있다.

⑦ 선봉은 항상 상대가 대기하고 있을 때 한번에 죽지 않는 챔피언 즉, 노틸러스, 레오나, 브라움, 렐 등의 탱커류 챔피언들이 좋다.

2. 인베이드 공격조건
① 그랩류 챔피언
　쓰레쉬, 블리츠크랭크, 파이크, 레나타 글라스크, 노틸러스 등 같은 팀에 상대를 끌어올 수 있는 그랩류 챔피언이 있을 때 경우

② 군중 제어 스킬을 보유한 챔피언
　알리스타, 쉔, 갈리오, 렐, 세트 등의 하드 CC스킬을 가진 챔피언이 많아 다수의 상대 챔피언에게 스턴, 에어본, 슬로우 등의 효과를 이용해 공격할 수 있는 경우

③ 1레벨에 강한 챔피언
　올라프, 제이스, 다리우스, 아트록스, 리븐, 판테온, 이즈리얼 등 스킬의 재사용 대기시간이 짧거나, 짧은 시간 동안 여러 번 스킬을 사용하여 공격이 가능한 챔피언 많은 경우

④ 광역 스킬을 보유한 챔피언
　다리우스, 럼블, 세트, 아트록스, 그레이브즈, 애니, 아리, 제이스, 카르마와 같이 한 번에 다수의 적에게 강한 피해를 줄 수 있는 경우

⑤ 단일 스킬의 대미지가 강력한 챔피언
　리신, 그레이브즈, 카르마. 판테온, 클레드, 렝가 등 스킬 대미지가 높아 상대방을 단시간에 큰 피해 줄 수 있는 경우

⑥ 다수의 원거리 챔피언

이즈리얼, 드레이븐, 케이틀린, 징크스와 같이 사거리가 긴 챔피언을 다수 보유하고 있고 상대가 근거리 챔피언이 많은 경우

* 위와 같은 챔피언들을 아군이 보유하고 있을 때 인베이드 공격을 가기 유리하기에 적극적인 시도를 하는 것이 좋다.

3. 블루팀 인베이드 공격 루트

블루 팀에서 하단 루트로 가는 방법은 총 두 가지 방법이 있다. 각기 다른 장단점이 있으며, 인베이드 루트는 선택적으로 사용하면 된다.

① 바텀 경로를 통한 상대 블루 인베 루트

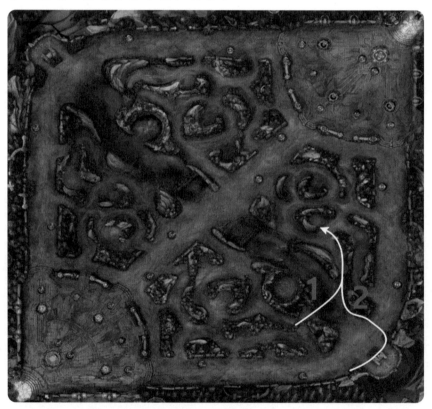

1번 루트 - 바텀 삼거리 부쉬쪽으로 진입
2번 루트 - 바텀 라인을 통해 강가 부쉬쪽으로 진입

①-1. 1번 루트 상세
- 바텀 삼거리에서 강을 통해 적 정글로
진입한다.

- 진입하기 전에는 항상 렌즈를 사용하
여 적의 와드나 대기하고 있는 상대를 조
심해야 한다.
아군과의 거리를 다시 확인 후 적 정글로
진입한다.

장점 적의 정글로 빠른 진입이 가능하다.
단점 적과 마주치기 쉬워 인베 실패 가
능성이 높다.

①-2. 2번 루트 상세
- 바텀 라인 부쉬쪽으로 이동한다.

- 1자 부쉬로 위쪽 벽에 딱 붙어 이동한다. 바텀 라인으로 이동하는 루트라 적이 인베 방
어 포지션을 미리 잡거나 와드 설치가 완료되어 있을 수 있다. 벽에 최대한 붙어 이동하
지 않으면 인베 혹은 대기하고 있는 적에게 위치가 발각될 가능성이 있다.

- 상대 쪽 부시까지 체크하고 강가 쪽 부쉬로 이동한다.

- 벽에 붙어서 이동해야 하는 이유는 게임 내 시야 범위가 존재하여 적에게 발각되지 않기 위해서 최대한 시야의 사각을 이용하는 것이 좋다.

* 같은 위치에서 있더라도 빨간 네모 영역에서는 적이 부쉬에서 대기하고 있을 때 상대방에게 들킨다.

* 대기하고 있는 적에게 들킬 수 있어서 인베를 대충 러쉬를 가면 안 된다.

①-3. 벽에 붙어야 하는 이유
- 상대가 같은 위치에서 있더라도 자신이 벽에 붙어서 이동하느냐에 따라 상대 시야에 보이지 않을 수 있다.

- 인베는 최대한 벽에 붙어 이동하는 것이 중요하다.

* 하지만 벽에 붙어 이동 시 해당 영역에 있어도 진입하지 않는 이상 적에게 들키지 않는다.

장점 적과 마주칠 일이 적고, 마주치더라도 교전을 할 수 있는 거리에서 대면한다.
단점 바텀 라인으로 돌아가기 때문에 시간이 오래 걸린다.

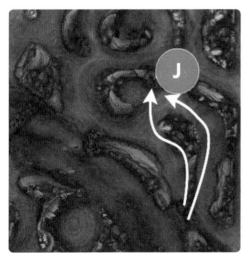

①-4. 1번, 2번 이동 이후 루트
- 1번과 2번에서 붙어서 이동했던 벽으로 계속해서 붙어 적 정글 부쉬까지 이동하고, 부쉬 경로를 통해 적 블루 지역까지 이동한다.

② 미드 경로를 통한 상대 블루 인베 루트

블루 팀에서 미드 루트로 가는 방법은 총 두 가지 방법이 있다. 역시 각기 다른 장단점이 있으며, 인베 루트도 선택적으로 사용하면 된다.

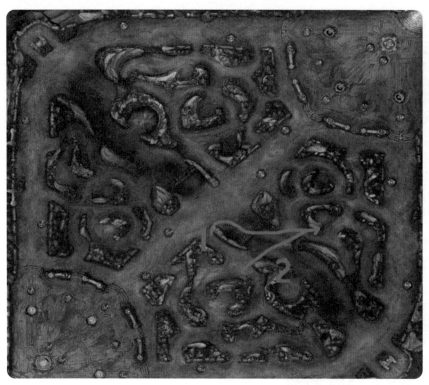

1번 루트 - 미드 라인 1자 부쉬를 통해 진입
2번 루트 - 아군 정글을 통해 진입

②-1. 1번 루트
- 미드 라인을 통해 미드 아래 1자 부쉬로 이동한다.

- 미드 라인으로 오는 적을 만날 수 있으니 이를 주의한다.

- 일자 부쉬부터 상대 정글 앞 C자 부쉬까지 렌즈를 활용하여 적의 와드를 체크하며 진입해야 한다.

②-2. 2번 루트
- 우리 쪽 레드 진형을 통해 강가 쪽 빠르게 이동한다.

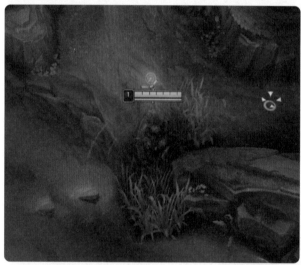

- 상대의 C자 부쉬까지 렌즈로 확인하며 빠르게 진입한다.
장점 빠르다 (적이 게임 시작 직후 상대가 대기 하지 않는다면 성공할 수 있다)
단점 적에게 들키기 매우 쉽다.

②-3. 벽에 붙어야 하는 이유
- 미드 경로를 통한 인베 역시 최대한 벽에 붙어서 이동하는 것이 중요하다.

- 상대가 벽에 붙어 있으면 해당 위치에서 적이 보이지 않는다.

- 상대가 벽에 최대한 붙어 있을 때 해당 위치까지 이동해야 상대를 발견할 수 있다.

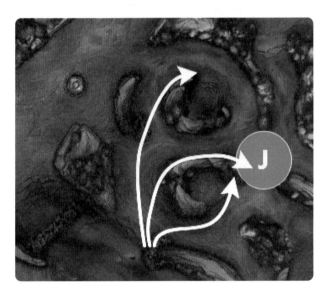

②-4. 1,2번 이동 이후 공동 루트
- 적이 있을 만한 지역을 확인하며 상대 블루 지역까지 이동

③ 미드 경로를 통한 상대 레드 인베 루트

블루 팀에서 미드 경로를 통해 상대 레드 지역으로 가는 방법은 총 두 가지 방법이 있고 블루 지역 인베 방법과 같다.

1번 루트- 미드 라인을 통해 적 레드쪽으로 진입
2번 루트- 아군 블루 진형을 통해 빠르게 직진하여 진입

③-1. 1번 루트
장점 적이 미드 라인으로 게임 시작 후 바로 오지 않는다면 들키지 않는다.
단점 미드 라인에서 마주칠 가능성이 매우 높다.

③-2. 2번 루트
장점 빠르다 (적이 게임 시작 직후 오지 않는다면 성공할 수 있다)
단점 적에게 들키기 매우 쉽다.

④ 상단을 통한 레드 인베 루트

블루 팀에서 상단 레드 루트로는 총 3가지 방법이 있다.

1번 루트 - 탑 라인을 통해 적 레드 쪽으로 진입
2번 루트 - 강가로 가장 빠르게 직진하여 가는
3번 루트 - 삼거리 부쉬에서 골렘쪽으로 돌아서 진입

④-1. 1번 루트
장점 게임 시작 후 적이 탑 라인으로 바로 오지 않는다면 들키지 않고 삼거리 부쉬에 대기하고 있는 적을 몰래 잡을 수 있다.
단점 탑 라인이나 점 부쉬에서 마주칠 가능성이 있다.

④-2. 2번 루트
장점 빠르며 탑 삼거리 부위에 대기하고 있는 적에게 늦게 적발된다.
단점 점 부쉬에 대기하고 있는 적에게 들키기 매우 쉽다.

④-3. 3번 루트
장점 상대 레드쪽 부쉬에서 대기하는 적을 피해서 갈 수 있다.
단점 다른 인베 루트보다 시간이 다소 걸린다.

5. 레드팀 인베이드 공격 루트

레드팀 역시 블루팀과 마찬가지로 하단 루트로 가는 인베 방법은 총 두 가지가 있다.

① 바텀 경로를 통한 상대 블루 인베 루트

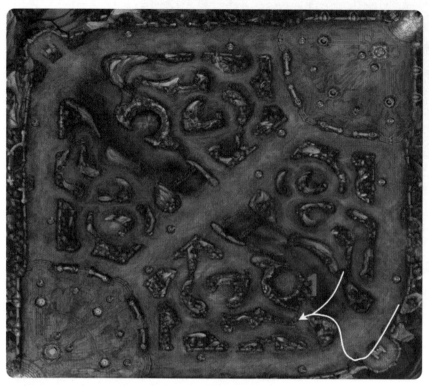

1번 루트- 강을 점 부쉬 통한 바텀 삼거리 부쉬로 진입

2번 루트- 바텀 라인을 통한 바텀 삼거리 부쉬로 진입

①-1. 1번 루트

- 강가 점 부쉬까지 빠르게 진입한다.

바텀 삼거리 부쉬까지 렌즈를 사용
하며 빠르게 이동한다.

장점 적의 정글로 빠른 진입이 가능
하다.

단점 바텀 삼거리 부쉬에서 인베 방
어 포지션을 잡은 적이 있으면 실패
하기 쉽다.

①-2. 2번 루트
- 바텀 경로를 통해 최대한 벽에 붙
어 1자 부쉬까지 이동한다.

- 대기하고 있는 적이 있는지 모든
부쉬를 체크한다.

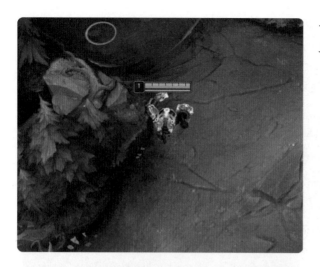

\- 와드나 상대가 없으면 바텀 삼거리
부쉬까지 이동한다.

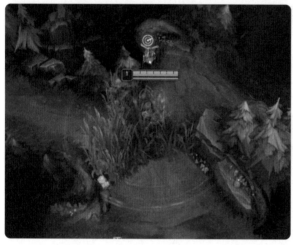

벽에 붙어 이동하면서 진입 전 와드
혹은 렌즈로 적의 위치나 상대 와드
설치 유무를 확인해야 한다.

장점 적에게 들키더라고 곧바로 추
격이나 교전할 수 있다.
단점 바텀 라인으로 돌아가기 때문
에 시간이 다소 걸린다.

①-3. 1,2번 이동 이후 공동 루트

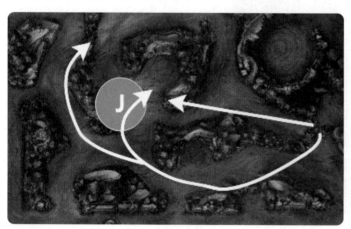

\- 공통 루트의 세 가지 경로
중 한 가지를 선택하여 다
같이 이동하는 게 중요하다.

\- 경로가 많아질수록 의사
소통이 되지 않을 때 인원이
분산될 수 있으며 이는 대기
하고 있는 적에게 역으로 기
회를 줄 수 있는 상황이 발
생할 수 있으므로 항상 조심해야 한다.

② 미드 경로를 통한 상대 레드 인베 루트

레드팀에서 미드 루트를 통해 가는 방법은 총 두 가지 방법이 있다.

블루팀의 인베이드 방식과 같지만, 시야각이 다르므로 이 점을 유의해서 진입하여야 한다.

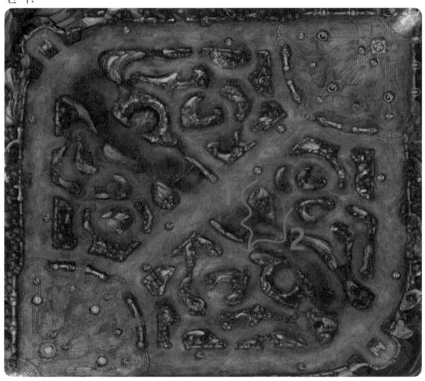

1번 루트 - 미드 라인 일자 부쉬를 통해 이동하는 경로

2번 루트 - 아군 블루쪽 C자 부쉬를 통해 이동하는 경로

②-1. 1번 루트
- 미드 라인을 통해 미드 아래 일자 부쉬로 이동한다.

- 적 정글 입구에서 정글 앞 부쉬까지 직선으로 들어간다.

장점 안정적으로 인베가 가능하다.

단점 적이 미드로 올 때 쉽게 마주칠 수 있다.

②-2. 2번 루트

- C자 부쉬에서 빠르게 붙어 적 정글 입구 부쉬로 직진한다.

장점 적 정글 바로 앞까지 가장 빠르게 진입할 수 있고, 부쉬에 대기하고 있는 적이 도주하기 힘들다.

단점 그랩류 챔피언이 없고, 상대가 부쉬에서 대기하면 시야를 뚫고 들어가야 하므로 역으로 위험해질 수 있다.

②-3. 1,2번 이동 이후 공동 루트

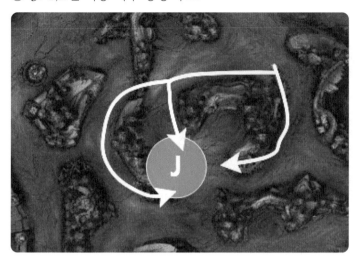

02 인베이드 방어

상대의 인베이드 공격을 대비해 위치마다 최적으로 방어를 할 수 있는 포지션이 존재한다. 이는 직접 혹은 와드를 설치하여 방어가 대체할 수 있으며, 상대가 인베이드에 적합한 조합일 경우 직접 방어보다는 와드를 이용해 시야 확보를 하며 안정적으로 대비하는 방법에 대해 알아보자.

단, 적이 렌즈를 활용하여 와드를 파괴하면 와드 파괴 후 아군 정글로 진입하였는지, 후퇴하였는지 알 수 없고, 상대의 추가 진입 혹은 퇴각하였는지 알 수 없어서 와드 설치 후 상대가 올 수 있을 만한 위치에서 적이 들어오는 것을 확인해야 한다.

아군과 상대의 조합을 보고 만약 상대의 인베이드를 방어하기 좋은 조합이라면 적이 올 수 있는 경로에서 대기하여 이득을 취하여도 좋다.

이를 위해서는 와드를 통해 상대가 진입하려는 한쪽 경로 시야를 확보하고 대처하는 것이 중요하다.

1. 블루 진형 포지션별 기본 인베이드 방어 포지션

① 탑

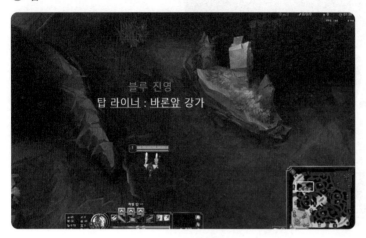

② 정글

③ 미드

④ 원거리 딜러

⑤ 서포터

2. 레드 진형 포지션별 기본 인베이드 방어 포지션
① 탑

② 정글

③ 미드

④ 원거리 딜러

⑤ 서포터

3. 인베이드 시야각
① 바텀 삼거리 부쉬 시야

- 같은 위치에서 방어하더라도 진입 각도와 방법에 따라 상대 시야에 노출된다.

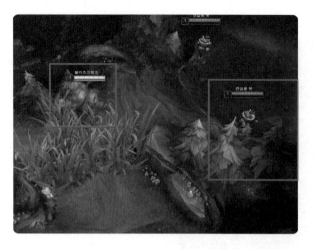

- 같은 방어 지역이라도 위치에 따라 안 보이던 적이 보인다.

② 시야각 맹점 이용하기

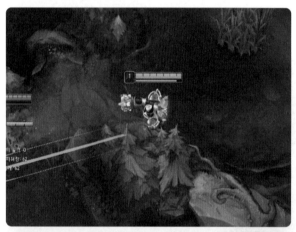

- 적의 시야가 없는 곳에서 벽 너머로 와드를 설치하여 그랩류의 스킬을 활용해 순간적으로 이득을 볼 수 있다.

- 수비 입장에서는 조금씩 위치를 달리하며 상대를 확인 할 수 있게 움직여 주는 것이 중요하다.

③ 미드 경로를 통한 인베 방어 시야

- 레드팀에서 강가로 오는 모든 루트의 시야를 볼 수 있다.

④ 레드 부쉬 인베 방어 시야

- C자 강가 벽에서 붙어 오는 적을 파악하기에 늦다.
- 적을 확인 후 도주하게 되면 적과 가까운 거리로 인해 적의 스킬 사정 거리 안에 있어 스킬에 맞거나, 소환사 주문을 사용하여야 한다.

4. 레드팀 인베이드 방어 포지션

① 하단 점 부숴 방어 시야

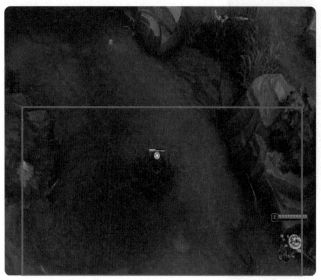

- 블루 팀의 하단 인베 공격 루트를 점 부숴 와드 하나로 모두 확인할 수 있고 적을 발견하면 안전하게 도주할 수 있다.

② 미드 C자 부숴 방어 시야

- 안전하게 방어하려면 해당 위치에 와드 설치할 때 상대의 진입을 경로를 모두 확인 할 수 있다. 특히 상대가 그랩 계열의 스킬 챔피언이라면 즉각적으로 도주를 해야 안전하다.

5. 실습

① 시작 전 인베이드 공격에 강한 조합 짜기

② 공격 루트로 인베이드 가서 한타하기

③ 인베이드 방어에 강한 조합 짜기

④상대의 인베이드 공격을 수비 조합으로 방어하기

LEAGUE OF
LEGENDS

제 6장

주도권의 원리와 이해

라인전을 할 때 주도권이 게임에서 중요한 요소에 대한 고찰, 챔피언 고유 특성과 스킬 구조에 따른 주도권 여부, 챔피언 역할에 따른 분류, 챔피언 이해도와 숙련도에 따라서 주도권의 원리를 이해하자.

01 라인 주도권

라인전을 진행하는 데 상성에서 우위를 잡고 상대가 원하는 방향대로 플레이하지 못하게 압박을 줄 힘을 말한다.

1. 플레이어에게 중요한 라인 주도권

라인에 서는 플레이어들은 주도권이 생기면 할 수 있는 요소가 크게 라인 관리(푸쉬, 프리징) 딜 교환, 디나이, 다이브, 로밍, 시야 장악 등이 있는데 주도권이 있는 플레이어는 이 요소를 실행하는 것에 있어 크게 제한받지 않기 때문에 라인 주도권이 중요하다.

반면 주도권이 없는 플레이어는 이 요소들을 움직이기는 몹시 어렵다.

이를 해결하기 위해선 다른 라인의 개입이 필요하거나, 상대방의 실수를 기대해야 하거나, 자신이 손해를 감수하며 플레이해야 한다.

즉, 주도권이 있는 쪽에서는 할 수 있는 다양한 선택지가 있고 상대방은 주어진 선택지에서 좋은 결정을 해야 한다.

　라인 주도권을 알기 위해서는 챔피언 폭, 챔피언 간의 상성과 각 챔피언의 스킬 이해도가 중요하고 이것은 경험을 통해 익히는 것이 중요하다.

2. 주도권이 있을 때 할 수 있는 플레이
- 시야 관리
- 포탑 골드 채굴
- 귀환타이밍
- 로밍
- 다이브
- 디나이
- 오브젝트 관리

3. 주도권이 생기는 이유

- 챔피언의 고유 특성 및 스킬 구조
- 챔피언 역할에 따른 분류
- 플레이어의 이해도와 숙련도

02 챔피언 고유 특성과 스킬 구조 따른 분류

각 챔피언의 고유 특성과 스킬세트가 다르고, 어느 타이밍에 본인이 상대방보다 더 주도권이 있는지를 알아보자.

1. 챔피언의 고유 특성
각각의 챔피언이 가지고 있는 솜씨 세트와 성장 기대치의 차이로 인해 자연스럽게 격차가 발생한다.

2. 라인 유지력
라인 유지력은 챔피언이 라인전을 오랫동안 지속할 수 있는 능력을 말한다.

즉, 챔피언 고유 스킬에서 체력이나 마나를 회복하는 스킬을 갖고 있거나, 그와 관련된 룬 특성을 사용하여, 상대적으로 상대방 챔피언보다 라인 유지력이 높을 때 해당된다.

챔피언 상성에서 밀려도 라인 유지력이 상대방보다 좋으면, 라인을 계속 유지하면서 상대방과 성장할 수 있다.

이러한 라인 유지력조차 상대보다 좋지 않으면 강제로 정비를 해야 하는 상황이 발생하고 결국엔 일방적인 손해를 보게 된다.

라인전은 보통 이 2가지를 토대로 결정이 되며, 그 중의 챔피언 상성보다 라인 유지력의 영향을 더 많이 받는 경우가 있다.

3. 사거리
챔피언은 기본 공격과 스킬 사거리가 근거리 혹은 원거리인가에 따라 구분할 수 있다.

원거리와 근거리의 교전은 기본적으로 원거리 챔피언이 근거리 챔피언을 상대로 견제 주도권을 가져올 수 있다.

근거리 챔피언끼리 교전에서는 초반 라인 푸쉬력 혹은 교전 능력이 좋은 챔피언이 초반 주도권을 가져올 수 있다.

원거리 챔피언끼리는 사거리가 상대적으로 긴 챔피언이 유리하나 스킬샷의 싸움이고 될 교환 효율이(스킬 쿨이 짧고 딜이 강한) 높은 쪽 챔피언이 주도권을 가져올 수 있다.

사거리 긴 챔피언　케이틀린(650), 애쉬(600), 징크스(대포625)바루스575, 애니(625)등의 원거리 챔피언들

① 챔피언의 기본 사거리

챔피언 정렬	순위	공격력 ▼▲	공격속도 ▼▲	체력 ▼▲	마나 ▼▲	체력재생 ▼▲	마나재생 ▼▲	방어력 ▼▲	마법저항 ▼▲	이동속도 ▼▲	사거리 ▼▲
	1	60	0.625	580	313.8	3.5	7.42	27	30	325	650
	2	50.4	0.61	594	418	5.42	8	19.22	30	335	625
	3	63	0.625	530	350	3.5	11.5	28	30	330	600
	3	59	0.658	609.72	280	3.5	11.5	26	30	325	600
	3	51.4	0.658	550	495	5.57	8	21.22	30	325	600
	6	60	0.658	600	360	3.5	8	27	30	330	575
	6	53.4	0.681	574	418	5.69	7	29	30	340	575
	8	62	0.679	675	360.56	3.75	8.04	29	30	330	550
	8	62	0.625	600	375	4	8.5	24	30	325	550
	8	61	0.638	588	350.16	5.42	7.42	28	30	325	550
	8	60	0.658	550	231.8	3.5	6.97	23	30	330	550
	8	59	0.625	655	300	3.75	6	24	30	330	550

② 스킬이나 패시브에 의해 사거리가 변화

챔피언 정렬	순위	공격력 ▼▲	공격속도 ▼▲	체력 ▼▲	마나 ▼▲	체력재생 ▼▲	마나재생 ▼▲	방어력 ▼▲	마법저항 ▼▲	이동속도 ▼▲	사거리 ▼▲
	1	102.5	0.813	1936.76	790.76	17.24	14.86	73	30	325	669
	2	101	1.025	1884.4	908.8	15.02	16.77	82.38	30	325	650
	3	95	0.705	1803.68	1184	14.77	19.6	87.22	30	335	625
	4	105.8	0.793	1657.6	1247.04	14.92	19.6	89.22	30	325	600
	4	99.5	1.01	1870.72	826.8	14.77	13.77	79.01	30	325	600
	6	100	0.937	1931.76	922.48	14.77	20.94	81.01	30	330	575
	6	107.8	0.836	1737.32	1184	14.19	19.6	71.04	30	325	575
	8	103.9	0.91	1747.32	1108.24	14.77	15.8	87.72	30	335	550
	8	109.9	0.961	1951.76	1024.56	18.08	19.09	81.64	30	330	550
	8	106	0.836	2020.48	1277.4	14.62	19.6	87.85	30	340	550
	8	109.6	0.761	1820.72	1184	14.77	19.6	86.72	30	330	550
	8	90.6	0.845	1946.76	1227.4	16.21	19.6	82.12	30	325	550

4. 단일 공격 및 범위 계열 스킬

전체 스킬세트 중 스킬들이 단일 공격과 범위공격 계열 중 어느 쪽에 더 치중되어 있는지에 따라 라인 푸쉬력이나 교전 능력이 정해진다.

① 단일 공격 스킬

기본적으로 딜이 높은 편이고 타겟팅과 논 타겟팅으로 나뉜다. 타겟팅 스킬은 상대에게 스킬을 직접 클릭하여 사용되는 방식이고 논 타겟팅 스킬은 직접 클릭이 아닌 마우스 커서 방향에 따라 스킬을 사용하는 방식이다.

단일 공격 계열 렝가, 이즈리얼, 베인, 볼리베어, 티모, 쉔, 트런들

② 범위 계열 스킬

일반적으로 스플래쉬 대미지 스킬 혹은 광역 대미지 스킬이라고 부르며 관통과 비관통으로 분류되며 관통 스킬들이 일반적으로 푸쉬력이 높다.

범위공격 계열 대부분의 메이지들 직스, 조이, 탈리야, 벡스, 흐웨이, 니코

5. 타겟팅 및 논타겟팅

스킬이 대상을 지정해야지 시전 가능하냐 불가능하냐에 따라 타겟팅과 논타겟팅이 나뉜다.

- 타겟팅의 경우 자신이 상대 스킬이나 견제에 노출되는 리스크가 있지만 확실하게 딜을 할 수 있다.

- 타겟팅 스킬 기반 챔피언들은 논타겟팅 스킬을 가진 상대로 타겟팅 스킬을 가진 챔피언들은 상대가 스킬 미스를 했을 때 타겟팅 스킬로 딜 교환을 걸어주는 것이 중요하다.

타겟팅 기반 챔피언들 이즈리얼, 워윅, 렝가, 카밀, 베인, 피오라, 잭스, 니달리, 마스터이, 피즈

- 논타겟팅의 경우 스킬 샷에서 실수가 발생했을 때 상대에게 공격의 턴이 넘어가는 단점이 있지만, 원거리에서 딜 교환 손해 없이 상대를 견제할 수 있는 장점이 있다.

- 논타겟 스킬 기반 챔피언들은 거리 조절을 바탕으로 스킬 적중률이 중요하다.

논타겟팅 기반 챔피언들 아지르, 오리아나, 흐웨이, 벡스, 스웨인, 신드라, 베이가, 모데카이저, 리븐

① 논 타겟팅 스킬

② 타겟팅 스킬

6. 라인 푸쉬력

  미니언을 얼마나 빠르게 처치할 수 있는지에 대한 속도이며 라인 푸쉬하기 좋은 스킬 챔피언들은 주도권을 잡기 쉽다.

  빠른 라인 푸쉬력을 기반으로 라인전에서의 우위뿐 아니라 상대방을 견제 혹은 상대 정글이나 타 라이너의 동선을 강제하거나 방해하면서 아군의 성장 기회를 줄 수 있고 라인 푸쉬 이후 로밍이나 시야를 잡는 등의 팀적인 플레이로 이득을 볼 수 있다.

  짧은 스킬 쿨타임, 범위 및 관통 계열, 스킬의 대미지가 라인 푸쉬력을 결정짓는 요소다.

  관통 범위 스킬은 비관통 범위 스킬에 비해 상대를 스킬로 견제까지 가능하기에 라인 푸쉬와 함께 라인 주도권을 가져오게 아주 좋다.

라인 푸쉬력이 좋은 챔피언   카르마, 탈리야, 아리, 리산드라, 럼블, 올라프, 바루스, 제이스, 케이틀린

7. 관통과 비관통 스킬의 차이
① 관통스킬

미니언 뒤에서도 견제할 수 있다.

② 비관통 스킬

미니언에 스킬이 막힌다.

8. 교전 능력

강력한 대미지 혹은 지속적인 교전에 좋은 스킬 구성하고 있거나 라인 유지력이 좋아 딜 교환에 우위를 점하는 스킬을 가지고 있는 챔피언들을 말한다.

- 라인전을 이기면서 이를 기반으로 팀에 영향력을 주는 챔피언들로 한번 주도권을 잡기 시작하면 정글러 개입 없이는 솔로 플레이로 뒤집기 힘들다.
- 인파이터형과 아웃파이터형으로 구분할 수 있다.
- 인파이터는 지속해서 딜 교환을 하면서 상대의 귀환을 강요한다.
- 아웃파이터는 사거리를 이용한 스킬샷이나 평타로 상대의 피를 깎아주면서 킬 각을 노린다.
- 상대적으로 스킬 재사용 대기시간이 짧거나 공격 속도가 높은 경우 지속적인 딜 교환에서 유리하다.
- 반대로 스킬 재사용 대기시간이 길거나 공격 속도가 느리다면, 공격 시 큰 리스크를 가지게 되지만, 이러한 공격의 대부분은 핵심적이거나 대미지가 높아 적중 시 교전에 큰 영향을 미치게 된다.

교전 능력이 좋은 챔피언 : 렝가, 다리우스, 제이스, 케넨, 카르마, 럼블, 아트록스, 우디르, 퀸

9. 유동성

　이동기를 가진 챔피언들은 자신을 노리는 스킬 및 챔피언들을 상대로 회피와 생존 및 어그로 분산 능력이 좋고 빠른 합류나 도주에 쉬워 교전에서 이득을 볼 수 있는 상황들을 만들기 쉽다.

　- 상대의 스킬 사용을 유도하면서 이동기로 회피하고 될 교환에 우위를 점할 수 있다.
　- 상대를 견제하면서 부담이 덜하다.

유동성이 좋은 챔피언 : 트리스타나, 아칼리, 트린다미어, 르블랑, 아지르, 이즈리얼, 아크샨, 그라가스

03 챔피언 역할에 따른 분류

　자신이 플레이하는 챔피언이 어떤 유형에 더 가까운지 언제, 어떤 타이밍에 강한지를 생각하여 팀의 한타나 소규모 교전을 하기 전 합류 혹은 성장을 판단한다.

1. 교전형

- 전투에서 이기면서 골드 수급과 아이템 우세를 앞세워 게임을 풀어나가는 스타일로 초중반에 강한 스킬과 특성들을 가지고 있고 시간이 지날수록 힘이 약해지는 챔피언이다.
- 교전형 챔피언들은 초반에 실수하게 되면 게임이 힘들어지는 경우가 많지만 그럼에도 킬을 먹게 되면 특성상 자신의 파워 스파이크 내에서는 복구가 빠른 편이다.

대표적인 챔피언 : 신짜오, 벨베스, 아크샨, 판테온, 다리우스, 뽀삐, 리신, 비에고, 키아나, 니달리, 엘리스

2. 성장형

- 초중반에 스킬이나 라인 푸쉬력 등이 약해 딜 교환에서 우위를 점하기 힘든 챔피언들이다.
- 파밍 위주로 성장을 도모하여 후반으로 갈수록 대미지와 캐리력이 올라가는 하이퍼 캐리 챔피언들이다.
- 미드 챔피언일 경우에는 주로 마나 관리가 필요한 챔피언들로 스킬로 인한 마나 소모가 커 마나를 라인푸쉬나 파밍 혹은 딜교환에 선택적으로 사용해야 하므로 초중반 성장이 필요하다.
- 소규모 교전을 피하는 게 좋으나 초반 이득을 봤을 경우 성장을 빠르게 앞당길 수 있다.
- 레벨업과 코어 아이템들을 갖출수록 강력해진다.

대표적인 챔피언   베인, 징크스, 나서스, 카사딘, 블라디미르, 베이가, 코그모, 케일, 라이즈, 카시오페아, 아지르, 코르키, 빅토르, 스몰더

3. 스플릿형

- 라인전을 이기면서 사이드 라인을 돌며 스플릿 주도권이 있을 때 1대1 혹은 1대 다수의 구도를 유도, 팀 수적 우세를 이용하여 오브젝트와 교전 등의 이득을 볼 수 있게 하는 역할의 챔피언이다.
- 스플릿형 챔피언들은 라인전 구도가 깨져 주도권을 잃으면 할 수 있는 플레이가 많이 없어져 영향력을 발휘할 때까지 성장할 시간이 많이 필요해지게 된다.
- 암살자 혹은 성장형 챔피언들이 많다.

대표적인 챔피언   피오라, 잭스, 갱플랭크, 카밀, 퀸, 트린다미어, 요릭, 제드, 요네, 아칼리, 하이머딩거

4. 한타형

- 한타나 다수간 교전에서 많은 적에게 대미지를 입힐 수 있는 스킬들을 가진 챔피언으로 강력한 대미지나 cc기로 진형 붕괴 등을 만들 수 있는 챔피언들이다.
- 라인전을 지더라도 한타에서 어느 정도 역할을 해줄 수 있다.
- 상대 주요 딜러를 메인 타겟으로 하는게 좋다.
- 팀원과의 합과 연계가 중요하다.

대표적인 챔피언　오른, 럼블, 케넨, 블라디미르, 세트, 올라프, 사이온, 말파이트, 베이가, 오리아나, 아우렐리온 솔

04 챔피언 이해도와 숙련도

2024 최신 패치 기준 현재 168개나 되는 챔피언들이 있다.

모든 상성을 알기에는 힘든 부분 있으므로 각 챔피언의 특징이나 특성, 스킬 구성 및 원거리 or 근거리, AD or AP, 단일 공격 or 범위공격, 관통 or 비관통, 사거리, 추가 옵션 발동 조건 등등의 효과들은 파악하고 이해해야 한다.

다음은 몇 가지 챔피언의 예시이다.

1. 베인의 주요 특성

AD 계수의 기반 챔피언이며 W스킬 효과로 탱커를 잡기 좋고 공격 속도가 중요한 챔피언이다.

① **패시브 어둠 사냥꾼**　적 챔피언에게 접근할 때 이동 속도가 45 증가한다.

② **Q 구르기**

짧은 구르기를 하고 기본 공격을 하면 추가 물리 피해를 한번 준다.

③ **W 은화살**

같은 적에게 세 번 연속하여 기본 공격 또는 스킬이 적중할 때마다 대상 최대 체력에 해당하는 고정 피해를 추가로 입힌다.

④ **E 선고**

지정한 적을 뒤로 날려 보내며 물리 피해를 주고 지형에 부딪힐 때 추가 물리 피해와 1.5초 기절한다.

⑤ R 결전의 시간

베인이 잠깐 공격력을 얻고, 구르기의 재사용 대기시간이 감소하며, 구르기를 사용하면 1초 동안 투명   상태가 된다. 또한 스킬이 지속되는 동안 패시브 효과가 강화되어 이동 속도가 90 증가한다.

*잘못된 이해도에 따른 아이템의 예시

탱커 아이템을 선택

마법 주문력 아이템 선택

*챔피언의 이해도에 따른 올바른 아이템의 예시

공속 위주의 아이템을 선택

2. 말파이트의 주요 특성

방어력과 체력 올리면 탱킹 효율이 좋아지는 특성이 있는 탱커 챔피언이다. 다만 AP 계수를 가진 스킬들이 있어 팀의 조합과 상황에 따라서 유동적으로 AP딜 아이템을 구매할 수 있다.

① 패시브 화강암 방패

말파이트가 일정 시간 동안 피해를 당하지 않으면 최대 체력의 9%의 피해 흡수하는 보호막을 얻는다.

② Q 지진의 파편

말파이트가 대지의 조각을 날려 마법 피해를 주며 3초 동안 둔화시킨다. 말파이트는 3초 동안 대상의 이동 속도도 둔화한 만큼 훔친다.

③ W 천둥소리

말파이트가 추가 방어력을 얻고, 패시브가 활성화되는 동안 세 배로 증가한다.
사용 시 말파이트의 다음 공격이 추가 물리 피해를 입히고 여진을 생성해 해당 방향에 물리 피해를 입힌다.

④ E 지면강타

말파이트가 바닥을 내리쳐 주변 적에게 마법 피해를 입히고 3초 동안 적들의 공격 속도를 감소시킨다.

⑤ R 멈출 수 없는 힘

저지 불가 상태로 돌진하며 적중한 적을 공중으로 띄워 올리고 1.5초 동안 마법 피해를 입힌다.

*잘못된 이해도에 따른 아이템의 예시

AD위주의 아이템을 선택

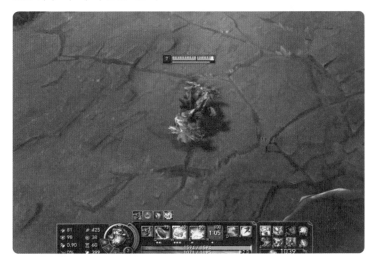

AP위주의 아이템을 선택

서포터 아이템을 선택한 잘못된 예

*챔피언의 이해도에 따른 올바른 아이템의 예

방어 아이템 위주의 아이템을 선택

3. 블라디미르 주요 특성

딜과 탱커를 다 할 수 있는 챔피언이지만 W와 E스킬이 퍼센트로 체력을 소모하여 딜이나 탱 한 가지만 올리기보단 체력이 붙은 딜 아이템 갔을 때 효율적이다.

① 패시브 핏빛 계약

추가 체력 30당 주문력이 1이 증가한다. 또한 주문력 1당 최대 체력이 1.6만큼 증가한다.

② Q 수혈

블라디미르가 대상의 체력을 흡수하며 마법 피해를 입히고 체력을 회복합니다. 스킬두 번 사용한 뒤에는 0.5초 동안 이동 속도가 10~40% 증가하고 피해량과 회복량이 상승한다. (핏빛 격노 시간 동안 스킬 강화)

③ W 피의 웅덩이

2초 동안 웅덩이가 되어 지정할 수 없는 상태가 되고 이동 속도가 증가했다가 감소한다. 웅덩이에 있는 적은 40% 둔화한다. 웅덩이 위에 있는 적에게 지속 시간 동안 마법 피해를 입히고 피해량의 15%만큼 체력을 회복한다.

④ E 선혈의 파도

스킬 충전 후 주변의 적에게 투사체를 원형으로 방출해 충전 시간에 비례하여 마법 피해를 입힌다.

⑤ R 혈사병

4초 동안 감염된 적이 받는 모든 피해를 10% 증가시킨다. 감염된 적은 이 효과가 끝나면 마법 피해를 입는다. 적 챔피언을 맞히면 체력을 회복하고, 이후 추가로 적 챔피언을 맞힐 때마다 40%의 체력을 더 회복한다.

*잘못된 이해도에 따른 아이템의 예시

AD위주의 아이템을 선택

AP딜러이며 누커의 역할이지만 방어 아이템을 선택

*챔피언의 이해도에 따른 올바른 아이템의 예

순수 AP계수 아이템만 구매한 예

체력과 AP계수의 아이템을 효율적으로 적절히 잘 분배한 예

4. 신드라 주요 특성
- 순수 AP 계수 챔피언으로 AP대미지를 올릴수록 강력한 힘을 발휘한다.

① 패시브 초월
　분노의 조각을 최대 120개까지 획득할 수 있다. 분노의 조각이 120개 있으면 주문력이 15% 증가한다.
　조각의 개수가 40 / 60 / 80 / 100개가 되면 Q, W, E, R이 순서대로 강화한다.

② Q 어둠 구체
　어둠의 구체를 소환하여 마법 피해를 입힌다. 구체는 6초간 유지되며 신드라의 다른 스킬로 움직일 수 있다.

③ W 의지의 힘

에픽 몬스터를 제외한 어둠 구체, 적 미니언, 몬스터를 잡아가지고 있다가 최대 5초 안에 던질 수 있다.

④ E 적군 와해

원뿔 형태의 파동을 발사하여 적들을 밀어내고 어둠 구체에 충돌한 모든 적에게 마법 피해를 입힌다.

밀려난 어둠 구체는 적중된 적들은 1.25초 동안 기절하고 마법 피해를 입는다.

⑤ R 풀려난 힘

자기 주위를 도는 어둠 구체 3개와 주변 어둠 구체 4개를 적 챔피언에게 발사하여 마법 피해를 입힌다.

분노의 조각 100개: 이 스킬이 체력이 15% 미만인 적을 처형한다.

*잘못된 이해도에 따른 아이템의 예시

AP계수와 효율이 나오지 않는 서포터 아이템을 구매한 예

딜과 전혀 상관없는 방어 아이템을 구매한 잘못된 예

*챔피언에게 맞는 가장 좋은 효율의 아이템을 고른 예

순수 AP 계수 아이템만 구매한 예

결국 나와 상대의 챔피언이 어떠한 특성과 스킬을 가졌는지 모르면 결국 불리하고 비효율적인 상황이 발생한다.

많은 시간 투자와 학습을 통해 이해도를 높이는 게 중요하다.

5. 실습

① 주도권 있는 챔피언을 선택하여 승리하기
- 사거리 길거나 푸쉬력 좋은 챔피언

② 주도권 없는 챔피언 선택하여 승리하기
- 근접 챔피언, 성장형 챔피언

③ 자신이 플레이하는 챔피언에 맞는 추천 아이템 구매하여 승리

제 7장

라인전 기초 및 개념

리그 오브 레전드는 인베이드가 일어나지 않는다면 초반 레벨업 단계인 라인전을 먼저 하게 된다. 기초 개념과 기본기, 라인전에서의 상대방 챔피언과의 전투 중 미니언 어그로(나의 챔피언을 때리는)를 끌리는 부분에 대해서 알아보고, 라인전의 기본 형태를 분석해 보자.

01 라인전의 중요 요소

챔피언마다 기본 스탯과 스킬세트와 어느 구간에 강해지는지를 알 수 있는 파워 커브와 파워 스파이크를 알아보자.

1. 챔피언의 특성
- 기본 특성 (기본 스탯)
- AD or AP
- 사거리 (근거리 or 원거리)
- 기본능력치 계수 (공격력, 공격 속도, 주문력, 체력, 마나, 체력 & 마나 재생능력, 방어력, 마법 저항, 이동속도)
- 성장 능력치 계수

- 이동속도

챔피언마다 기본능력치와 성장 능력치가 다르다.
* 패치로 인한 조그마한 수치 변동이 OP챔피언으로 바뀌기도 한다.

2. 스킬 구성

- 스킬의 쿨타임 (재사용 대기시간)
- 스킬의 능력치 (대미지, 힐량, 쉴드량, 스킬사거리)
- 스킬의 형태(관통, 비관통, 단일, 범위)
- 챔피언의 패시브와 스킬 효과 (CC스킬, 도트 대미지, 특수 옵션)
- 궁극기(R스킬)
- 이동기
- 먼저 마스터하는 스킬

3. 챔피언의 스킬 구성 파악 요소

*스킬 효과에 따른 구분
- CC기가 있는 스킬
- 피격 시 지속 대미지 (출혈 효과)가 있는 스킬
- 특수 효과 발동 옵션이 있는 스킬
- 챔피언에게만 사용할 수 있는 스킬
- 자기 강화 스킬
- 챔피언 버프 & 디버프 스킬
- 순간 지정 불가 스킬
- 글로벌 스킬
- 벽을 넘는 이동기 스킬
- 무적 스킬
- 적 챔피언 처치 시 효과 지속이나 재사용 가능 스킬
- 체력 비례 대미지 스킬 (최대, 현재, 잃은, 추가 체력, 특정 체력 이하)
- 소환류 계열의 스킬

4. 레벨업에 따른 스킬 변화

스킬의 사거리 증가

5. 스킬 형태에 따른 장단점

① 타겟팅과 비 관통 스킬

- 포지션에 대한 제약과 그로 인한 견제의 압박을 받을 수 있다.
- 피격 시 확실한 대미지를 줄 수 있다.
- 라인 관리에 쉬운 점이 있다.
- 라인 푸쉬력이 약하다.

② 논 타겟팅과 관통 스킬

- 소비 코스트가 높다.
- 마나 관리(기력)와 적중률이 중요하다.
- 포지션에 대해 비교적 자유롭다.
- 라인 푸쉬력이 좋다.
- 라인 관리가 힘들다.

관통 스킬은 포지션의 제한 없이 자유롭게 견제가 가능

비관통 스킬은 견제 때 맞출 수 있는 포지션으로 위치가 강제

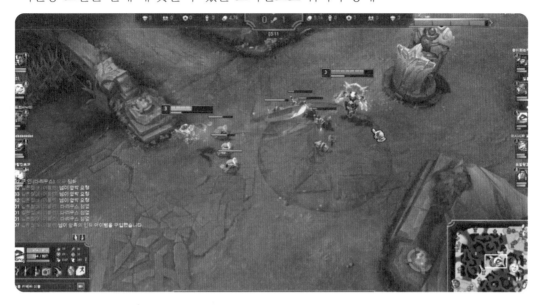

6. 라인 유지력

라인 유지력은 챔피언이 라인전을 얼마나 오래 할 수 있게 하느냐를 판가름 짓는 요소이다. 라인 유지력이 좋은 챔피언들은 기본적으로 재생능력이 좋고 회복이나 체력 재생과 관련한 스킬이 존재하고 아이템과 룬 등으로 부족한 부분을 보조할 때 챔피언과의 메커니즘 효율이 높다.

상대 챔피언의 견제로 체력 저하가 심한 상황

중후반 성장 포텐셜이 좋은 챔피언들이 일반적으로 라인 유지력이 중요하며 조금 손해 보더라도 최대한 상대와 같은 성장이나 성장을 최대한 맞추는 것을 목표로 해야 한다.

유지력으로 버티면서 아군의 도움으로 상대를 제압하는 상황

7. 성장포텐셜 Power Curve & Spike
챔피언마다 강한 타이밍과 약한 타이밍이 존재한다.

기본적으로 상대방보다 레벨과 아이템이 좋으면 이기기 쉽지만, 같은 성장을 했을 경우 내가 플레이하는 챔피언이 언제 강해지고 상대하는 적에게 언제 영향력을 발휘할 수 있는지를 알고 있어야 한다.

① 아트록스의 Power Curve

아트록스는 초반 강한 라인전과 라인 유지력으로 게임을 풀어나가며 한타에서 강력한 모습을 보여주는 브루저 챔피언이다.

② 아트록스의 Power Spike

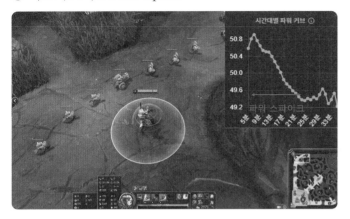

아트록스가 영향력을 펼치기에 좋은 시간대들이다.

③ 올라프의 Power Curve

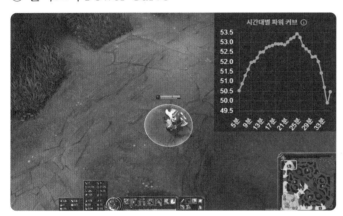

올라프는 초반부터 강한 챔피언으로 사이드및한타에서도 기여도가 좋은 챔피언이지만 후반으로 갈수록 이동기의 부재로 영향력이 떨어지는 챔피언이다.

④ 올라프의 Power Spike

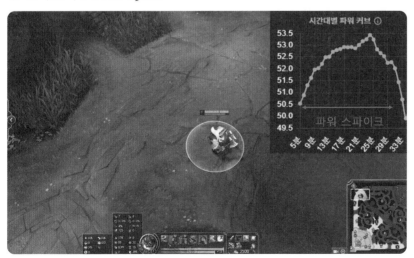

⑤ 미드챔피언 아리의 Power Curve

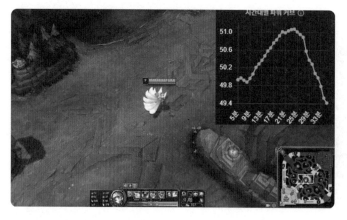

아리같은 경우 첫 코어 아이템 이후 교전으로 이득을 보면서 두 번째 코어 아이템부터 강력한 힘을 발휘한다.

⑥ 미드챔피언 아리의 Power Spike

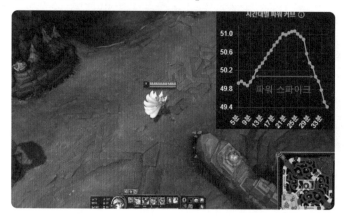

초중반부터 교전과 이득을 보기 쉽고 영향력을 펼칠 수 있는 시간대가 넓은 편이다.

⑦ 미드챔피언 사일러스의 Power Curve

사일러스는 교전형 챔피언으로 저레벨 구간에서는 다소 약하지만 소규모 교전에서 강한 면모를 보이고 W국왕시해자 스킬로 체력 흡수를 하며 변수를 만들어 내고 주로 상대 팀 조합을 보며 좋은 궁극기들이 있을 때 뽑는 챔피언이다.

⑧ 미드챔피언 사일러스의 Power Spike

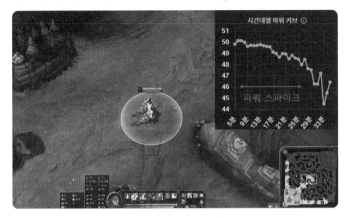

초중반 교전에 강하여 후반으로 갈수록 효율이 떨어진다.

⑨ 미드 챔피언의 흐웨이의 Power Curve

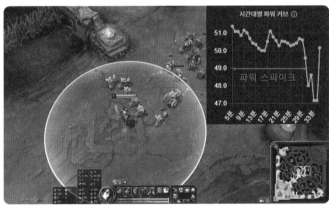

흐웨이는 한타 및 누킹형 챔피언인데 기본 체력과 성장 체력이 낮지는 않지만, 마법사 챔피언 중에서는 최하위권에, 기본 방어력이 21로 낮고 흐웨이의 패시브도(주변 추가대미지) 2개 이상의 스킬을 연계해야 하므로 체감 마나통이 마나 관리가 중요하다.

⑩ 미드 챔피언의 흐웨이의 Spike

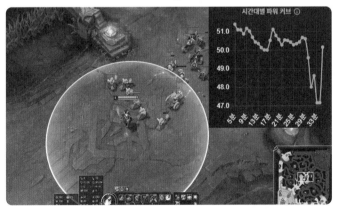

초중반부터 강력할 누킹을 하는 챔피언이며 한타에서 더 좋은 효율을 보여준다.

⑪ 원딜 챔피언의 제리의 Power Curve

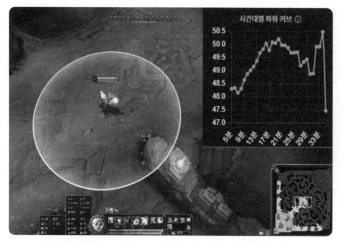

제리는 평타 사거리가 짧고 라인 푸쉬력이 좋지 않아 라인전이 약한 편이어서 1코어로 스태틱의 단검이 나온 이후 교전과 난전 상황에서 이득을 보면서 영향력을 펼치는 챔피언이지만 짧은 사거리 탓에 극 후반으로 가면 승률이 떨어지는 경우가 있다.

⑫ 원딜 챔피언의 제리의 Power Spike

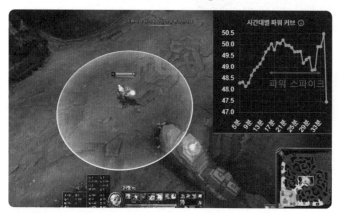

주로 3~4코어 타이밍에 강한 모습을 보여주며 다른 사거리 긴 원거리 딜러에 비해 후반으로 갈수록 영향력이 떨어진다.

⑬ 원딜 챔피언의 아펠리오스의 Power Curve

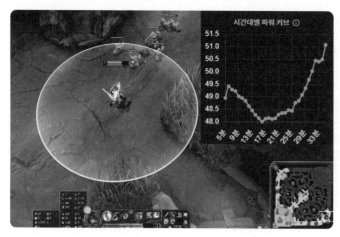

아펠리오스 경우 초반 라인전이 약하고 성장의존도가 높아 보통 3~4코어 때부터 강력한 힘을 발휘하지만 스킬 특성으로 다양한 변수를 만들어 낼 수 있다.

⑭ 원딜 챔피언의 아펠리오스의 Power Spike

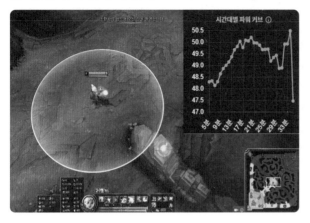

긴 사거리와 스킬을 바탕으로 후반으로 갈수록 영향력이 높아진다.

초반에 강한 파워 커브를 가진 챔피언들을 일반적으로 후반으로 갈수록 약해지고 후반에 강한 챔피언들은 초반에 약한 특징을 가지고 있다.

8. 각 라인의 챔피언 파워 커브

다양한 챔피언의 파워 커브를 익혀보자.

① 탑

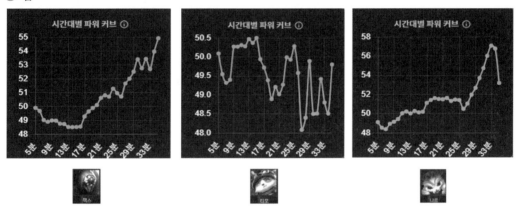

② 정글

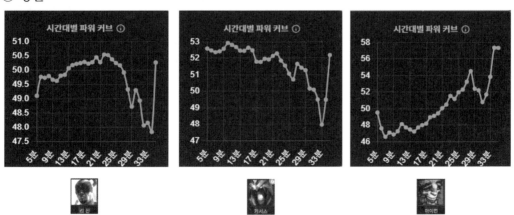

③ 미드

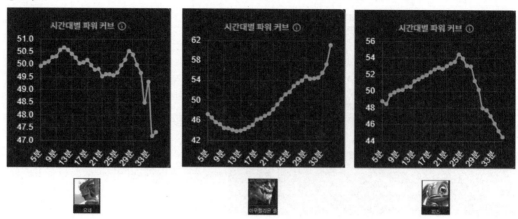

④ 원딜

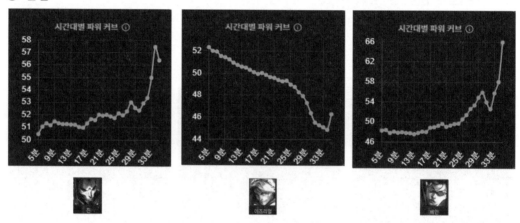

⑤ 서포터

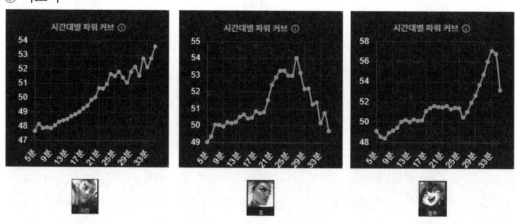

02 라인전 기초 개념

라인 주도권은 크게 챔피언의 특성과 스킬, 라인 유지력에 따라 달라지고 기본적으로 이것으로 인해 주도권의 유무가 결정된다.

주도권의 유무에 따라 라인전의 플레이 방법에 차이가 발생한다.

1. 주도권이 있을 때
- 라인푸쉬, 포탑 골드 채굴, 디나이, 오브젝트 관리, 시야 관리, 귀환타이밍, 로밍 우선권

2. 주도권이 없을 때
- 상대의 플레이에 맞춰서 한 템포 늦게 따라가거나 혹은 손해를 감수하고 먼저 움직이는 방법

3. 챔피언 기본 특성에 의한 주도권(원거리와 근거리)

원거리 챔피언이 근거리 챔피언을 상대로 견제하기 쉽다.

4. 챔피언 스킬에 의한 주도권(근거리와 근거리)

대미지 차이로 인해 강한 스킬을 가진 챔피언이 딜 교환에서 우위를 점하기 쉽다.

5. 주도권이 있을 때 라인전 기본 플레이

① 부쉬컨트롤

부쉬에 숨어서 상대에게 일방적인 딜 교환과 견제 압박을 할 수 있고 이를 기반으로 상대 디나이 상황을 만들 수 있다.

상대가 원거리여도 부쉬를 먼저 장악하고 있으면 압박하기 쉽다.

② 선 2레벨

스킬 1개를 먼저 찍게 되면서 하는 딜 교환이 기본적으로 초반 미니언 웨이브에 대한 라인 주도권을 가져올 수 있다.

2레벨을 찍으면서 상대에게 강하게 딜 교환을 시도

③ 압박플레이

상대 챔피언보다 상성이 유리할 때 상대에게 사거리를 이용한 견제와 압박으로 경험치와 CS 디나이를 통해 성장 격차를 내면서 레벨 및 아이템 우위를 점해 이득을 본다.

원거리 조합이 사거리 짧은 상대를 강하게 압박

④ 견제(선택지 강요)

상대가 CS를 먹으려고 할 때 평타와 스킬로 견제 플레이를 하며 맞으면서 CS를 먹을지 아니면 CS 포기하며 체력 관리를 할지 아니면 딜 교환을 할지 선택하게 한다.

상대가 미니언을 먹으려고 할 때 견제로 체력 압박

⑤ 특수 옵션 스킬

챔피언 중에는 발동 조건을 완성했을 때 추가 효과를 일으키는 스킬들이 있다.

예 스킬을 2회 중첩 시 각각의 효과가 발생하고 3회 중첩 시 최대 체력 비례 추가 마법
피해 입히는 스킬 발동

⑥ 소환물 스킬

챔피언 중에는 소환물을 이용해 추가 딜링으로 라인전이나 교전에서 유리한 상황으로 만들거나 변수 창출을 할 수 있는 스킬이 있다.

5. 실습
* 주도권 있는 챔피언을 선택하여 부쉬 컨트롤(탑,미드,바텀 선택) → 선 2레벨 → 압박 플레이 → 디나이 → 10분 안에 CS 30개 차이 내기

03 라인전 기본기

다음은 라인전을 진행하는 데 제일 기본적으로 생각해야 하는 플레이다.

- CS 수급과 상대를 견제하면서 지속해서 미니맵 인지하기
- 라인의 상황을 보면서 로밍, 다이브, 귀환타이밍을 판단하기
- 자신의 해야 할 플레이를 먼저 하고 남는 턴에 호응하기

1. 스킬을 활용한 플레이

스킬 구성과 효과에 대해 파악했다면 스킬을 활용하여 자신이 해야 할 정석적인 플레이와 스킬 유무 상태를 이용한 라인전 플레이 방법에 대해 알아보도록 하자.

먼저 스킬을 써서 딜 교환이나 CS를 먹어야 하는 상황을 판단할 수 있어야 한다.

2. 딜 교환 판단 요소 5가지

① 상대방과의 상성

라인 주도권에서 배운 상대방과 나의 상성을 고려하여 누가 더 상성상 우위에 있는지 판단해야 한다.

② 내 챔피언의 특성

내 챔피언이 가진 특징을 이해하고 라인전에서 주도권을 잡는 것이 중요한지 아니면 안전하게 성장을 하는 것이 중요한지 판단해야 한다.

③ 라인 관리

내가 딜을 할 수 있는 상황인지 혹은 미니언을 먹어야 하는 상황인지 판단해야 한다.

④ 나와 상대방의 스킬

스킬 사용 유무와 스킬의 타입, 스킬을 사용했을 때 재사용 대기시간까지 생각하면서 어떤 포지션을 잡아야 할지 딜 교환을 할지에 피하고 공격할지에 대한 판단을 해야 한다.

⑤ 미니언

상대 미니언의 숫자가 많은 상태에서 딜 교환를 하였을 때 미니언 어그로로 인해 불리한 상황이 발생할 수 있다.

* 위의 상황들을 고려해 보았을 때 내가 딜 교환을 할 수 있는 상황이라 판단된다면 마지막으로 상대방 미니언 수와 미니언 어그로를 고려해서 딜 교환을 할 수 있는 상황이라도 이득을 볼 수 있는지 최종적으로 생각해 보아야 한다.

만약 그렇지 않다면 CS 수급을 우선하면서 주요 스킬을 아껴 두는 결정이 필요하다.

3. 스킬 인지

스킬을 사용하게 되면 재사용 대기시간 동안 상대는 스킬을 사용할 수 없게 되며, 이 스킬 유무에 따라서 순간적으로 플레이하는 액션이 달라진다.

① 상대방이 주요 스킬을 바로 사용할 수 있거나 재사용 대기시간이 곧 끝나갈 때

미니언 어그로를 고려하면서 상대방이 CS를 먹고자 할 때와 같은 비교적 약한 타이밍을 고려하여 딜 교환을 시도하거나 평타 / 스킬을 활용한 견제를 해야 한다.

② 상대방의 주요 스킬이 없거나 재사용 대기시간 중일 경우

앞 무빙과 같은 공격적인 액션을 취해서 상대방을 뒤로 물러내는 심리전을 통해 CS나 경험치 디나이를 시키는 등 이득을 만들어 내야 한다.

4. 견제 타이밍

평타도 하나의 스킬이라는 개념으로 생각하고 챔피언이 평타를 칠 때 사용 도중 멈추지 않는 이상 약간의 스탑 모션이 발생한다.

이 타이밍을 노려 상대를 견제하면 좋다.

스킬은 종류에 따라 다르지만, 시전 시간이 존재하고 스킬을 사용 때 스탑모션이 발생하는 스킬과 그렇지 않은 스킬들이 있으므로 잘 파악하고 이해하고 있어야 한다.

투사체 류의 스킬은 조금 더 긴 모션 딜레이 발생하고 상대의 이러한 전조 증상과 액션들을 파악해서 스킬을 피하고 견제할 수 있다.

5. 스킬 쿨타임

챔피언마다 스킬의 재사용 시간이 다르다. 상대가 스킬을 사용하였을 때, 견제와 압박을 할 수 있으며 이를 활용하기 위해서는 각 챔피언의 스킬 쿨타임을 알아두는 것이 좋다.

챔피언 이름	패시브	Q	W	E	R
가렌	8	8	23	9	120
갈리오	5	12	16	12	200
갱플랭크	15	5	22	18	180
그라가스	8	11	5	16	120
그레이브즈	—	12	26	16	120
나르	—	20	7	22	90
나미	—	12	10	11	120
나서스	—	8	15	12	120
노틸러스	6	14	12	7	120
녹턴	14	10	20	15	150
누누와 윌럼프	10	12	14	14	110
니달리	—	6	인간 13/쿠거 6	인간 12/쿠거 6	3
니코	25	7	20	12	90
다리우스	—	9	7	24	120
다이애나	—	8	15	22	100
드레이븐	—	12	12	18	100
라이즈	—	6	13	3.25	210
라칸	40	12	18	20	130
람머스	—	16	6	12	100
럭스	—	11	14	10	80
럼블	—	10	6	한발 당 6초	100
레넥톤	—	8	13	18	120
레오나	—	5	14	12	90
렉사이	—	돌풀 4/매복 12	4	돌풀 12/매복 26	100
렝가	—	6/최대 중첩시 0	16/최대 중첩시 0	10/최대 중첩시 0	110
루시안	—	9	14	22	110
룰루	—	7	16	8	110
르블랑	60	6	18	14	60
리신	—	11	14	10	110
리븐	—	13	11	12	120
리산드라	—	8	14	24	120
릴리아	—	4	14	12	130
마스터 이	—	18	28	18	85
마오카이	30	8	13	10	120
말자하	30	6	8	15	140
말파이트	10	8	12	7	130
모데카이저	—	9	14	24	140
모르가나	—	10	12	26	120

이동기, 생존기, CC기 궁극기 등 재사용 대기시간이 긴 스킬 등 중요한 스킬 쿨타임은 외우면 상대를 견제하는 데 도움이 된다.

6. 거리 조절 및 스킬 유무에 따른 견제 플레이

자신이 주도권을 가지고 있을 때 상대방의 스킬 사거리를 생각하며 견제하는 것이 중요하다. 주도권이 있을 때 견제하지 않으면 상대방이 추가적인 이득을 보기가 어려워진다.

① 원거리 챔피언의 특성과 스킬 사거리를 이용하여 견제

원거리 챔피언이 스킬을 가지고 있어 근거리 챔피언이 거리 조절을 하는 상황

볼리베어가 빅 웨이브도 쌓이는 상황에서 거리 조절을 하고 있다가 상대가 모든 스킬을 사용하고 거리를 주자마자 자신이 이길 수 있다고 판단하여 강하게 딜 교환을 시도

② 상대방 스킬 사거리에 대한 인지와 스킬의 유무 판단

　상대보다 스킬 사거리가 길고 재사용 대기시간이 상대보다 짧다면 마나 관리를 하며 상대를 견제하면 상대를 압박하기 쉽다.

04 미니언 어그로

　기본적으로 미니언은 미니언끼리 자동 전투를 한다. 어그로는 미니언 끼리 싸우지 않고 나의 챔피언을 때리는 행위를 말한다.

1. 미니언의 공격 우선순위를 기반으로 공격 대상이 바뀌는 것으로 미니언은 더 높은 우선순위의 타겟이 발견되는 즉시 타겟을 그쪽으로 바꾸며, 이는 몇 초 후 초기화된다.

- 또한 타겟이 시야에서 벗어나면 다시 타겟을 바꾼다.
- 즉, 상대 미니언의 공격 사거리 내에서 상대방 챔피언을 공격하였을 때 상대방 미니언은 나를 공격한다.
- 다만, 모든 게임의 1번째 웨이브 미니언은 그 이후 웨이브보다 챔피언을 감지하는 범위가 좁다.
　- 이를 활용하여 탑에서 원거리 챔피언이 상대 마법사 미니언 라인보다 좀 더 뒤쪽에서 적 챔피언을 타겟팅 공격해도 원거리 챔피언을 공격하지 않는 경우가 많다.

2. 미니언 어그로 우선순위

① 아군 챔피언에게 기본 공격 또는 단일 대상 타겟팅 공격 스킬을 사용한 적 챔피언
② 아군 챔피언을 공격하는 적 미니언
③ 아군 미니언을 공격하는 적 미니언
④ 아군 미니언을 공격하는 적 포탑
⑤ 아군 미니언을 기본 공격하는 적 챔피언
⑥ 가장 가까이 있는 적 미니언

⑦ 가장 가까이 있는 적 챔피언

3. 미니언 어그로 예시
미니언 머리 위 3개의 느낌표 모양으로 어그로 미니언 판단

위처럼 우선순위에 따라 어그로가 끌린 미니언은 공격한 챔피언을 공격하게 된다.

5. 귀환 타이밍

* 귀환은 왜 하는가?
① 자기 컨디션이 좋지 않을 때 (교전이나 견제로 인한)
→ 라인전을 지속할 수 없는 상황이 되었을 때 상대에게 추가 이득을 주지 않게 하도록
② 자신이 원하는 아이템을 구매할 수 있을 때
③ 챔피언 컨디션에 따라 귀환 판단이 달라진다.
④ 좋은 귀환타이밍
- 미니언 웨이브를 전부 클리어했을 경우 (초기화)
- 대포 미니언 타이밍에 웨이브를 전부 상대방 타워 사거리에 밀어 넣은 경우(미는 라인)
- 미니언 웨이브를 자기 쪽에 프리징 할 수 있는 경우(당기는 라인)

- 자신이 혼자 푸쉬 할 수 없는 경우 정글러나 타 라인의 도움

④-1. 대포미니언에 귀환

넥서스에서 생성되는 미니언을 보고 대포미니언 타이밍에 귀환

④-2. 라인 프리징을 할 수 있는 경우

미니언 웨이브가 타워 앞쪽에서 유지되는 상황에 귀환 후 복귀 텔레포트

상대가 먼저 귀환했을 경우 할 수 있는 플레이

　상대 귀환이 확정적이지 않을 때 하면 상대가 라인을 전부 밀어 넣으면서 손해가 발생한다.

④-3. 자기 컨디션이 좋은 경우

　자신의 마나가 적어 미니언 웨이브를 빠르게 푸쉬할 수 없어도 자신이 상대보다 체력 상황이 좋으므로 상대를 견제하며 압박 후 상대보다 늦게 귀환하는 게 좋다.

④-4. 자기 컨디션이 좋지 않은 경우
상대에게 처치당할 수 있는 상황에서 손해를 감수하고 귀환(텔레포트 스펠이 있을시)

텔레포트 스펠이 없을 때 큰 손해가 발생하게 된다.

6. 귀환할 때 얻을 수 있는 이득

① 성장을 위한 아이템 구매
챔피언이 강해지기 위해서 중요한 두 가지가 있는데 레벨업과 아이템이다.
→ 아이템으로 교전 우위 도모

②챔피언 체력과 마나 등의 컨디션 회복
→ 라인전 및 교전을 위한 기반

③ 자신의 위치 숨김
→ 위치를 확인 할 수 없으므로 타 라인에 자연적인 압박이 발생 (아이템 차이도 확인 불가)

7. 귀환할 때 발생할 수 있는 손해
　미니언 경험치와 골드 손실 발생 (웨이브는 30초마다 생성 라인 복귀에 걸리는 시간
은 평균 28초~33초, 아이템 고르는 데 시간 쓰면 큰 손해로 이어지기도 함)
　상대방의 포탑 골드 수급(챔피언에 따라 1~2칸의 포탑 골드손해 -> 아이템 격차 발생)

순간적인 라인 주도권과 시야 상실 (로밍과 시야 장악으로 이어지며 자연적으로 아군 라이너에게 압박)

05 라인의 기본 형태 (미니언 웨이브)

정글을 제외한 라이너들은 라인전을 진행하는 데 라인 상황의 형태에 따라 플레이 방법이 달라진다. 미니언 웨이브는 크게 밀기, 당기기, 초기화(기본) 3가지로 나뉜다.

1. 라인 초기화 (중간)

미니언 라인의 위치가 게임 시작 처음 만나는 웨이브 상황과 같이 중간지점에 형성하게 만드는 것을 라인 초기화 혹은 라인 리셋이라고 한다. 기본 형태와 위치의 라인이며 주도권에 따라 라인의 형태를 조절할 수 있다.

2. 밀기 (상대 쪽으로 푸쉬 해 넣는다)

　　미니언 라인과 웨이브의 방향을 상대 쪽으로 밀어 넣는 행위를 라인 밀기 혹은 라인 푸쉬 라고 한다.

　　주도권이 있는 쪽에서 주로 플레이하는 방법으로 빅 웨이브를 쌓아 킬이나 다이브를 하면서 상대와 격차를 낸다.

① 라인을 밀 때 고려해야 하는 요소들
- 상대 정글러의 갱킹
- 타 라인의 상황을 보며 다른 라이너의 개입 가능성을 고려해 시야를 어디에 잡을지 생각
- 빅 웨이브를 쌓아서 어떻게 이득을 볼지 판단
- 타 라인으로의 로밍
- 정글러 위치
- 다이브 가능 여부
- 귀환타이밍

② 라인 푸쉬의 장점

②-1. 라인 주도권을 얻기 쉽다.

미니언을 상대방보다 먼저 죽였기 때문에 레벨링과 골드수급에서 상대적으로 앞서게 되고, 상대방 타워 근처로 라인이 밀려 있으므로 자신은 상대방의 포탑을 공격하여 체력을 깎아 놓을 수 있으나 상대는 아군 포탑을 공격하려 들 수 없다.

②-2. 견제가 쉽다.

상대는 미니언의 공격에 직접 노출되거나 포탑과 미니언을 나눠 가지게 되면서 손해는 더 커지게 된다.

자신은 라인을 정리해 둔 상태이고 상대방은 미니언을 정리해야 하므로 미니언을 먹는 상대방을 일방적으로 견제하기도 쉽다.

②-3. 라인이 밀려 있어 상대방보다 먼저 움직일 수 있다.

가까운 곳에서 교전이 일어나도 라인이 밀린 쪽은 섣불리 갈 수 없다. 라인이 밀린 쪽은 자신이 자리를 비우면 적 미니언들이 포탑과 싸우면서 포탑의 체력은 줄어들고 아군 미니언과 포탑으로 인해 상대 미니언이 처치되기 때문에 경험치와 골드가 증발해 버리게 된다.

②-4. 선택지가 다양해진다.

라인을 민 쪽은 라인을 밀어 넣은 후에 바위게 싸움, 오브젝트 컨트롤, 우물로의 귀환, 로밍, 시야 장악 등 상대방과 비교하면 능동적인 플레이가 가능해진다.

③ 라인 푸쉬의 단점
갱킹 / 로밍에 취약해진다.
라인을 중간지점에서부터 상대방의 타워로 밀고 가는 것이기에 아군 포탑에서 자신은 멀어지게 된다.
라인이 밀린 거리만큼 아군 포탑까지의 도주 경로가 길어져 상대방의 갱킹과 로밍에 대처하기 어렵게 된다.

3. 라인 당기기

미니언 라인과 웨이브 방향을 자신의 쪽으로 형성하는 것을 라인 당기기라고 한다.

주로 초반 갱에 취약하면서 성장이 필요한 약한 챔피언들이 안정적으로 성장하기 위해서 선택하는 방법이다.

주도권이 있는 상황에서는 라인을 당겨 상대방을 디나이 할 수 있게 된다.

① 라인을 당길 때 고려해야 하는 요소들
- 상대 정글러의 갱킹
- 상대탑이 타 라인으로의 로밍
- 자신의 피 관리와 라인 유지력
- 다이브 가능 여부

② 라인을 당길 때의 장점

②-1. 주도권이 있는 상황에서 라인을 당겨 상대방을 디나이할 수 있게 된다.

②-2. 라인을 당김으로 상대방은 미니언을 먹기 위해 라인의 중앙을 넘어온 순간부터 도주 경로가 길어져 갱킹 등 불리한 싸움에서 위험성이 커지게 된다.

②-3. 상대로서는 불리한 라인 상황에서 경험치와 골드수급에 격차가 발생해 성장 차이가 벌어지게 된다.

②-4. 상대방 다른 라이너의 턴을 쓰게 만들 수 있다.

③ 라인을 당길 때의 단점

③-1. 라인을 당기게 되었을 때 상대방 챔피언이 역으로 라인 푸쉬력이 좋은 챔피언이라면 시간이 지남에 따라 라인을 유지하는 것이 어려워지고 라인은 점점 더 당겨져 결국에는 포탑의 사정거리 안에 들어와 손해가 발생하게 된다.

③-2. 상대방이 유리한 상황이라면 라인이 당겨졌을 때 다이브에 대한 위험도 커지게 된다.

③-3. 합류 싸움에 늦어질 수 있고 그로 인해 무리하게 합류하려다 손실이 발생할 수 있다.

③-4. 상대의 로밍을 확인하기 어려워 아군의 타 라이너가 압박받을 수 있다.

4. 초반 라인 관리 실습

① 라인을 푸쉬할지 당길지에 대한 판단은 자신의 주도권과 정글 동선을 기반으로 생각하고 결정하면 된다.

② 라인을 푸쉬를 하고 빅 웨이브를 쌓아서 다이브 하기

③ 라인을 푸쉬하고 빠른 타이밍에 귀환하여 상대보다 아이템 격차 벌리기

④ 라인을 당겨서 상대를 CS와 경험치를 디나이 하기

제 8장
다른 라인으로 로밍

본인의 라인이 아닌 타 라인에 개입하여 영향력을 끼치는 행위 "이리저리 돌아다닌다"를 알아보고 학습해 보자.

01 로밍의 개념과 이해

로밍의 다니는 챔피언들이 갖춰야 할 요소와 로밍을 가면 좋은 타이밍과 좋지 않은 타이밍을 알아보자.

1. 로밍 챔피언들의 특징
- 이동 속도가 빠르다
- 로밍에 좋은 특성 스킬이 있다.
- 시야 장악에 쉽다.
- 라인 푸쉬력이 좋다.

2. 로밍 챔피언들의 종류 예시
탈리야, 파이크, 바드, 트위스티드 페이트, 아리, 신지드, 워윅

3. 로밍 상황

- 주도권이 있을 때
- 남는 턴이 있을 때
- 자신의 라인에서 할 수 있는 게 없을 때 (이미 너무 불리한 상황)
- 아군이 불리할 경우

4. 로밍을 가면 좋은 상황

　　로밍을 가면 좋은 상황은 대부분 주도권이 있고 라인을 밀어 넣은 상황에서 나오게 된다.
- 자신이 아군 미니언 웨이브를 밀어 놓고 다음 아군 미니언 웨이브가 올 때까지 충분한 시간이 있을 때
- 미니언 웨이브를 손해 보더라도 로밍을 가서 볼 수 있는 이득이 큰 경우
- 성장 가능성이나 주도권이 좋아 성장을 빨리할수록 캐리력이 높아지는 라인에서 이득이 발생할 수 있을 때
- 우리 팀의 시야가 잘 잡혀 있어서 자신의 로밍을 상대가 알기 힘들 경우
- 상대방의 라인 클리어 속도가 느릴 경우

5. 로밍 이득

- 다른 라인 압박
- 아군의 귀환 및 상대의 귀환 타이밍 강제
- 상대방의 경험치 및 골드 손실: 로밍/다이브 압박으로 상대방의 경험치 손실을 만들어 낼 수 있다.
- 정글러 방해 : 상대 정글러의 위치나 동선 파악이 가능하다. 자신이 로밍을 간 쪽으로 상대 정글러를 불러낸다든가 혹은 상대 정글러를 반대 캠프로 밀어내는 등 동선을 강제할 수 있다. 상대 정글러의 정글링을 방해하여 경험치를 뺏을 수도 있다.
- 시야 : 상대방의 와딩을 강제하거나 제거할 수 있다. 상대방의 움직임을 통해 시야 상황을 유추할 수 있다.
- 오브젝트 컨트롤 : 상대방 정글러의 오브젝트 시도를 방해하거나 로밍을 통해 이득을 본 후에 인원수 우위를 기반으로 빠르게 오브젝트를 처치할 수 있다.

6. 로밍으로 얻을 수 있는 이득 예시

귀환 이후 라인 클리어가 느리고 성장이 필요한 상대 탑 피오라는 자신의 라인에 묶여 있게 된다.

* 탑 라인으로 복귀가 아닌 바텀 로밍으로 큰 이득을 봐주면서 바텀의 성장을 끌어냈다.

7. 고려해야 할 손해

- 자기 라인의 경험치와 골드
- 포탑 골드와 포탑의 체력
- 주도권 상실 : 상대가 원하는 타이밍에 로밍/집 기회를 주는 순간이 나오게 되어 주도
권을 넘겨주게 될 수 있다.

주도권이 있을 때 로밍을 가지 않으면 상대방과 지속적으로 딜 교환을 하여 원치 않는
타이밍에 상대방의 귀환을 강제하거나 디나이 / 다이브 등을 통해 이득을 볼 수 있다. 로
밍을 선택할 때 이득과 주도권을 어느 정도 포기할 수 있는지 판단하고 선택해야 한다.
- 상대방의 성장
- 서포터의 경우 너무 긴 로밍 시간은 아군 원딜러의 디나이 혹은 다이브를 당하여 손실
을 유발

8. 라인 푸쉬 후 로밍

- 라인을 밀어 놓은 상태에서 아군의 전체적인 상황을 파악해야 한다.

팀이 불리한 상황에서 자신의 성장보다 로밍 합류로 교전 이득

　로밍에 필요한 시간과 다음 웨이브 도착에 로밍했을 때 상황까지 예측해서 로밍을 가는 판단을 하는 것이 필요하다.

- 로밍으로 발생하는 이득이 크다고 판단되는 경우 웨이브를 버리더라도 가는 판단을 할 수 있다.
- 이 판단은 단순한 킬이나 감으로 하는 것이 아닌 이득이 되는 요소별로 따져보고 결정해야 한다.

9. 캐리력이 있는 라인으로 로밍
- 나에게 조금 손해가 있더라도 캐리력이 있는 해당 라인은 키워주는 것이 좋다.
- 하지만 최소한의 손해로 로밍 시도를 하인 것이 좋다.

10. 로밍을 갈 때 고려해야 하는 요소

① 컨디션 상황

상대방 라이너는 물론 아군 라이너의 컨디션과 오브젝트 상황까지 파악해야 한다.

아군의 컨디션 : HP와 MP, 스펠과 스킬 상황을 보며 무엇을 원하는지 파악하고 목표설정을 해야 한다.

상대방의 컨디션 : 주도권과 컨디션을 보며 다음 중 어떤 상황이 필요한지 판단 (다이브or교전or귀환타이밍or로밍)

오브젝트의 컨디션 : 교전 승리 기댓값, 지금 로밍 합류가 필요한 상황인지에 관한 판단

상대방 로밍의 컨디션: 합류 타이밍, 라인 상황

② 라인과 미니언 웨이브 상황

라이너들의 컨디션이 갈 수 있다고 판단이 들었으면 이제는 가고자 하는 라인과 그 라인의 미니언 웨이브의 상황을 보고 이득을 볼 수 있는지에 대해 판단할 수 있어야 한다.

라인의 웨이브 상황

- 밀리는 라인 (푸쉬 라인)
- 당겨지는 라인 (프리징 라인)

③ 시야 상황(위치, 들켰는지)

라인과 웨이브 상황 역시 로밍을 가기에 적합하다는 판단이 들었을 때, 로밍을 가고자 하는 라인까지 적합한 동선을 정해야 한다. 동선을 결정하는 데 상대방의 시야 장악 정도는 큰 영향을 미친다.

④ 손익계산과 가치판단

갈 수 있는 상황이라 판단이 되었고 동선까지 결정이 되었을 때, 다른 라인에 감으로 얻을 수 있는 이득과 발생하는 손해를 예측해야 한다. 손익계산은 앞에서 나온 이득과 손해의 요소들을 활용하여야 할 수 있다.

⑤ 서포터 스카너의 미드 로밍 이유

시비르 혼자 라인 프리징 되지 않고, 상대 서포터의 로밍 의식, 미드 프리징 상황으로 갱킹압박, 트페6+턴을 잡아주면서 타라인 로밍 행사력

11. 실습

① 대포미니언 포함한 두 웨이브를 형성해서 밀어 넣고 로밍으로 다른 라이너에게 이득을 주는 아래와 같은 행위를 하자.

 – 다이브
 – 정글 개입
 – 시야 장악

② 미니언 웨이브 없는 타이밍
 – 조금 손해 보더라도 프리징 되어있는 라인으로 로밍을 가서 우리 팀에 이득을 주자.

③ 로밍으로 킬 따내기

④ 로밍으로 포탑 방패 채굴하기

⑤ 로밍으로 타워 파괴하기

제 9장

대형 오브젝트 드래곤

대형 오브젝트인 드래곤은 총 6가지이고, 추가로 장로 드래곤이 있으며, 여러 가지 드래곤의 버프 효과와 바뀌는 지형지물에 대해서 알아보고 분석해 보자.

01 드래곤의 기본 정보

다양한 드래곤의 생성되는 시간과 생성되는 종류와 버프 효과 등 장로 드래곤의 출현에 대해서 알아보자.

1. 최초 생성 시간은 게임 시작 후 5분이며, 재생성 시간은 5분이다.

2. 모든 드래곤은 첫 공격을 받으면 날아올라 주변 적들을 드래곤 둥지 끝으로 밀어낸다. (에어본 판정)

3. 일반 드래곤의 종류는 총 6가지가 있으며 첫 번째 드래곤은 6가지 중 1가지가 랜덤으로 생성되며, 두 번째 드래곤은 첫 번째 드래곤과 다른 종류의 드래곤 5가지 중 1가지가 랜덤으로 등장한다.

3. 세 번째 드래곤은 첫 번째와 두 번째 드래곤과 다른 종류의 드래곤 4가지 중 1가지가 랜덤으로 등장하며 세 번째 드래곤 이후에는 같은 드래곤만 생성된다.

4. 두 번째 드래곤이 처치된 후 세 번째에 생성될 드래곤에 맞춰 소환사의 협곡이 변화한다.

5. 드래곤을 처치하면 각 처치한 드래곤이 주는 버프를 영구적으로 획득할 수 있다.

6. 드래곤을 여러 번 처치하면 버프가 중첩되며, 드래곤을 4번 처치 시 세 번째 이후 생성된 드래곤에 해당하는 드래곤 영혼을 영구적으로 획득한다.

7. 드래곤의 영혼을 획득한 팀이 생기면 이후 드래곤은 일반 드래곤이 아닌 장로 드래곤이 생성된다.

8. 모든 드래곤은 30% 방어구 관통력을 가지고 있으며 현재 체력의 7% 추가 피해를 입힌다.

9. 모든 드래곤은 "고대의 원한"이라는 버프를 가지고 있어 장로 드래곤을 제외한 팀이 사냥한 모든 드래곤의 중첩당 해당 팀에게 20%의 추가 피해를 입히고, 7%의 대미지 감소 효과를 얻는다.

02 드래곤의 종류

총 6가지의 드래곤들의 공격력, 공격 속도, 공격 방식, 획득 시 버프, 드래곤 영혼 획득 시 효과에 대해서 알아보자.

1. 바람의 드래곤

빠른 공격 속도로 다른 드래곤보다 강력하여 초반 솔용이 매우 힘들다.

공격력 – 35
공격 속도 – 1
공격 방식 – 단일 대상 공격

① 처치 시 버프
둔화 저항과 전투에서 벗어나 있을 때 이동 속도
+ 5/10/15/20%(중첩당)
② 드래곤 영혼
드래곤 영혼 획득 시 기본 지속 효과로 이동 속도가 20% 증가하며 궁극기 사용 시 이동 속도가 6초간 50% 추가 증가한다. 쿨타임 30초
③ 바람의 협곡

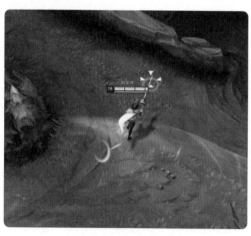

3번째 용이 바람의 용일 때 정글 버프 몬스터(레드,블루) 주변과 드래곤 둥지에 이동 속도를 올려주는 기류가 생긴다.

기류를 통해 빠른 합류가 가능하며 오브젝트 교전 시 장판을 이용하여 예상치 못한 합류 속도를 보일 수 있다.

2. 대지의 드래곤

다른 드래곤보다 DPS는 낮지만, 체력과 방어력, 마법 저항력이 높아 처치하는 데 시간이 오래 걸린다.

공격력 – 105
공격 속도 – 0.25
공격 방식 – 범위 공격

① 처치 시 버프

방어력 및 마법 저항력 + 5/10/15/20%(중첩당)

② 드래곤 영혼

드래곤 영혼 획득 시 5초 동안 피해를 입지 않으면 추가 보호막(220 + 추가 공격력의 16% + 주문력의 13% + 추가 체력의 13%)을 얻는다.

③ 대지의 협곡

3번째 용이 대지의 드래곤인 경우 용 둥지와 레드 지역 위로 벽이 생겨 맵이 변화한다.

지형이 변화한 만큼 시야에 제한이 생겨서 전투 시 매복을 조심해야 한다.

3. 화염의 드래곤

초반 솔용을 할 때는 혼자 드래곤을 사냥하기 때문에 범위 공격이 효과가 없지만 바텀 라이너나 미드 라이너와 초반 사냥 시 범위 공격으로 포지션이 제한된다.

공격력 – 70
공격 속도 – 0.5
공격 방식 – 단일 대상 범위 공격

① 처치 시 버프
중첩당 3%의 공격력 및 주문력을 얻는다.

② 드래곤 영혼

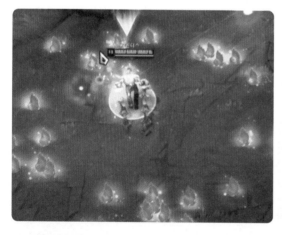

3초마다 다음 기본 공격 또는 공격 스킬에 작은 범위의 광역 폭발을 일으키고 기본 공격 또는 공격 스킬에 맞은 대상과 주변 적들에게 적응형 피해(100 + 추가 공격력의 18% + 주문력의 12% + 추가 체력의 2%)를 준다.

③ 화염의 협곡
3번째 용이 화염의 드래곤인 맵에 무작위로 '지옥 잉걸불'이 생성된다. 지고 있는 팀 쪽에 생성될 확률이 더 높고 일시적으로 스킬 가속이 0.6 증가한다.
챔피언 사망 시, 최대 5개의 지옥 잉걸불 중첩을 제외한 나머지 중 일부는 땅에 떨어지며 많이 모을수록 많이 떨어진다.

4. 바다의 드래곤

초반 솔용을 할 때 편안하게 처치할 수 있지만, 만약 적에게 발각되어 도주해야 할 때 둔화 효과로 도주에 실패할 수 있다.

공격력 – 70
공격 속도 – 0.5
공격 방식 – 단일 대상 (공격이 적중하면 적중 대상에게 2초 동안 30% 둔화를 건다)

① 처치 시 버프
5초마다 잃은 체력의 2% 회복(중첩당)

② 드래곤 영혼
　적 챔피언에게 피해를 입히면 4초에 걸쳐 체력(150 + 추가 공격력의 25% + 주문력의 15% + 추가 체력의 7%)과 마나(최대 마나의 2.5%)를 회복한다. (미니언, 몬스터에게는 30%의 회복 효과가 발동한다)

③ 바다의 협곡

　3번째 용이 바다의 드래곤인 경우 용 둥지에 부쉬가 생성되며 기존 일부 부쉬는 범위가 넓어진다. 정글에 꿀 열매도 다량으로 생성된다.

부쉬가 넓어져 시야가 보이지 않는 곳이 많아지고 용 둥지에 부쉬가 생성되어 용 둥지 시야 싸움이 매우 치열해진다.

한 개의 부쉬에 두 개의 와드를 설치하여야 전체가 보이는 부쉬도 있어 팀원 전체가 제어와드를 구매하여 시야 싸움을 해야 한다.

* 꿀 열매는 2분의 리젠 시간이 있다.

5. 마법공학 드래곤

기본 공격 속도와 대미지가 다른 드래곤에 비해 높으며, 특히 마법공학 드래곤은 4번째 공격마다 공격 대상의 주변 적들에게 광역 피해를 입히고 둔화시킨다.

초반 솔용 시 높은 DPS와 둔화 효과로 매우 까다로우며 상대 라이너를 처치하지 않고 버스트 시 광역 피해 및 둔화로 교전 시 어려움을 겪을 수 있다.

① 처치 시 버프
중첩당 스킬 가속 +5, 공격 속도 +5%
② 드래곤 영혼
8초마다 기본 공격이나 스킬로 적에게 피해를 입힐 시 추가 피해(25 + 레벨)를 입히고 근처 4명의 적을 둔화시킨다.
근접 챔피언과 원거리 챔피언 45/35%로 둔화 효과가 다르며 원거리 챔피언은 피격 때 둔화 지속시간이 길다.
③ 마법공학 협곡
3번째 용이 마법공학 드래곤인 경우 총 6쌍의 마법공학 정거장이 생성되며 4쌍은 각

팀의 본진에서 각 진영의 상단과 하단 정글까지(본진에서 정글로 일방통행) 2쌍은 윗 정글과 아랫 정글에 나뉘어서 각 정글을 이어준다(쌍방 통행).

마법공학 정거장 (마법공학 드래곤)

각 마법공학 정거장은 30초에 한 번 사용이 가능하다 (챔피언 각자)

마법공학 정거장은 정거장을 클릭하면 정신 집중 후 지정 불가 상태가 되고 지형을 무시하고 도착 지점의 마법공학 정거장 주변으로 이동할 수 있다. (일정 범위 내 위치 선택 가능) 정신 집중 중 이동 방해나 피해를 보면 취소되며, 잠시 후 다시 사용할 수 있다.

6. 화학공학 드래곤

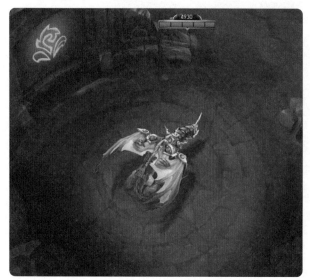

화학공학 드래곤은 체력이 낮을수록 공격 속도가 증가한다.

초반 솔용이 가능하지만, 적과 대치하면서 버스트 시 체력 관리의 신경을 써야 한다.

① 처치 시 버프

중첩당 강인함 + 6%/ 체력 회복 및 보호막 효과 6%

② 드래곤 영혼

　체력이 50% 이하일 때 가하는 피해량 11% 증가 / 받는 피해량 11% 감소한다.

③ 화학공학 협곡

　맵의 식물들이 강화된다.

솔방울탄 → 사거리가 1800으로 증가.

　수정초 → 주위 원 범위와 넓은 원뿔 형태 범위를 밝히고 범위 내 추가 이동 속도 제공 및 드러낸 와드와 함정의 체력을 1로 감소.

　꿀열매 → 둔화 효과 삭제, 체력과 마나 회복량이 대폭 증가하고 추가 보호막을 주며 생성되는 위치가 추가로 생긴다.

수정초를 터트린 상황

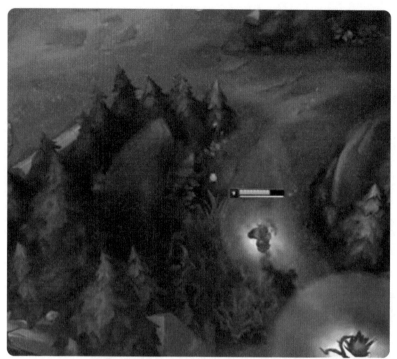

솔방울탄을 이용하여 이동

꿀열매로 체력 회복

03 드래곤 교전 시 라인별 포지션

대형 오브젝트 사냥인 드래곤 교전 시에 제어와드와 일반와드를 설치 해야 하는 위치, 각 챔피언과 각 라이너의 준비를 어떻게 해야 상대를 제압하고 드래곤을 획득하는 것이 좋을지를 알아보자.

1. 드래곤 교전 전 귀환을 통해 정비하는 것이 가장 좋다.

2. 보통 오브젝트 1분에서 1분 30초 전 귀환 타이밍을 잡고 합류 판단한다.

3. 상황에 맞춰 진행하되 라인전 진행 중 귀환 타이밍이 나오지 않으면 그대로 합류하거나 라인을 밀어주고 합류한다.

4. 블루팀의 일반적인 와드 위치

블루팀에서는 강가를 뚫고 나가야 하기에 제어와드를 수비적으로 설치한다. (핑크색이 제어와드이고, 초록색이 일반와드 이다.)

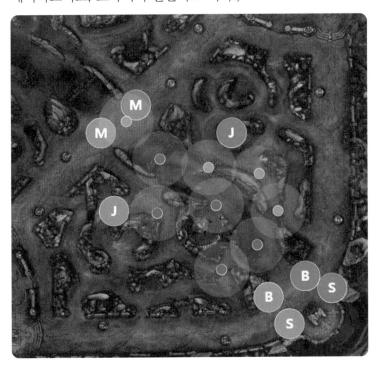

5. 레드팀 일반적인 와드 위치

레드팀에서 용 교전 시 블루팀이 자신의 진형에서 시야를 뚫고 들어와야 하기에 시야적 이점이 있다. (핑크색이 제어와드이고, 초록색이 일반와드 이다.)

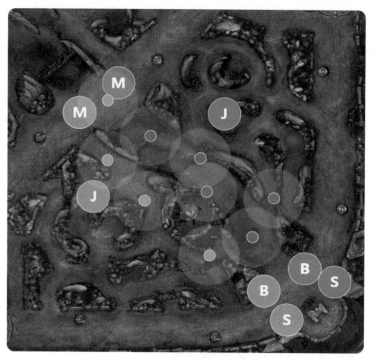

6. 챔피언 특징 별 포지션

① 탑

초반 라인전 종료 전 드래곤 교전은 대부분 참여하지 않는다. 10분 이후(순간 이동 스펠이 강력 순간 이동으로 변경되는 시점) 혹은 라인전 종료 후 드래곤 생성 전 15초~30초 사이에 드래곤 둥지 주변에 있어야 한다.

①-1. 탱커

아군 팀의 맨 앞에서 아군 딜러를 지킨다.

오른, 말파이트와 같은 강력한 이니시에이팅 스킬이 있을 때, 이니시에이팅을 하여 상대의 진영 붕괴 및 딜러를 담당한다.

①-2. 브루저(딜탱)

대부분 근접 브루저 챔피언이기 때문에 아군에 탱커가 있을 때 탱커의 뒤 혹은 상대의 시야가 없는 곳에 머물다가 한타가 시작되면 가능한 상대 딜러를 우선으로 담당한다.

② 정글

윗 정글 캠프를 모두 사냥 후 아래 캠프를 드래곤 생성 전 최소 30초 전에 아군과 함께 시야 장악을 한다.

대치 혹은 버스트 시 드래곤 주변에서(강타를 사용할 수 있는 거리 내) 각 특징에 맞는 포지션을 잡는다.

②-1. 초식형 (하드CC)

적의 딜러의 위치를 확인 후 이니시에이팅 타이밍 혹은 상대의 이니시에이팅에 반격할 준비를 하며 대기한다.

②-2. 성장형

성장이 잘 되었을 경우 성장형 정글러를 막기는 매우 힘들어서 직접 이니시에이팅 스킬이 없어도 적에게 다가가 이니시에이팅을 한다. 성장이 잘 안된 경우에는 영향력이 낮으므로 최대한 아군의 탱커와 딜러 사이에서 기다리다 상대 체력이 낮아지면 진입한다.

②-3. 육식형

초반 적의 탱커도 빠르게 처치할 수 있을 정도로 강력해 교전 시 맨 앞에서 탱킹과 딜링을 동시에 한다.

후반 영향력이 줄어들었을 경우 상대 딜러를 노리거나, 아군 딜러를 방어하는 포지션을 잡는다.

③ 미드

③-1. 라인전 중

드래곤 생성 1분 30초~2분 전에 귀환하여 라인에 복귀 후 라인을 빠르게 밀어 넣고 아군과 함께 시야를 장악한다.

③-2. 라인전 종료 후
라인전이 종료되면 대부분 바텀 라이너가 미드 라인에 서기 때문에 순간 이동이 있을 때 탑 라인 없을 때 바텀 라인에서 파밍을 하다 아군과 같이 시야를 장악한다.

③-3. 암살자
적의 시야가 없는 곳에서 한타가 시작되기 전 혹은 암살이 가능한 타이밍까지 대기한 후 상대 딜러를 암살한다.
AP딜러(암살자 제외)
암살자가 아닌 AP딜러는 보통 하드 CC를 1개 이상 가지고 있으며 지속 딜링이 가능한 챔피언이 대부분이므로 아군 탱커의 뒤에서 한타 전 견제 스킬을 사용하다 한타 발발 시 스킬 활용도에 맞게 탱커와 동일 혹은 원딜과 동일 포지션을 잡는다.

④ 원딜 포지션
아군의 맨 뒤에서 긴 사거리를 통해 지속 딜링하며 시야가 없는 곳이나 방어가 취약한 뒷 포지션에서 적 암살자나 딜러에게 포커싱 당하는 것을 신경을 써야 한다.

⑤ 서포터 포지션
드래곤 생성 전 미리 아군 라이너 혹은 정글러와 주변 시야를 장악한다.

⑤-1. 탱커 CC형
강력한 이니시에이팅 스킬이 있을 때 아군 탱커와 같이 포지션을 잡으며 이니시에이팅 타이밍을 노린다.
아군 원딜을 최대한 보호할 수 있게 스킬을 사용하여야 하며 아군 원딜 주변 혹은 바로 옆에 포지션을 잡는다.

⑤-2. 유틸형
한타 전 탱커와 원딜 사이에서 포지셔닝하여 탱커 혹은 대형 맨 앞에 있는 아군에게 버프를 준다.
한타 시 원딜 바로 옆에서 원딜을 보호하고 버프를 주며 원딜의 생존을 돕는 포지션을 잡는다.

7. 실습
5인 큐 및 일반게임 드래곤 획득

① 드래곤 별 처치 시 버프 획득하고 익히기
② 드래곤 별 영혼 버프 획득하고 익히기
③ 드래곤 전투 전에 제어와드와 일반와드를 알맞은 위치에 설치하기
④ 각 라인 및 챔피언 특징 별 드래곤 포지션 알고 포지션 잡는 연습

LEAGUE OF
LEGENDS

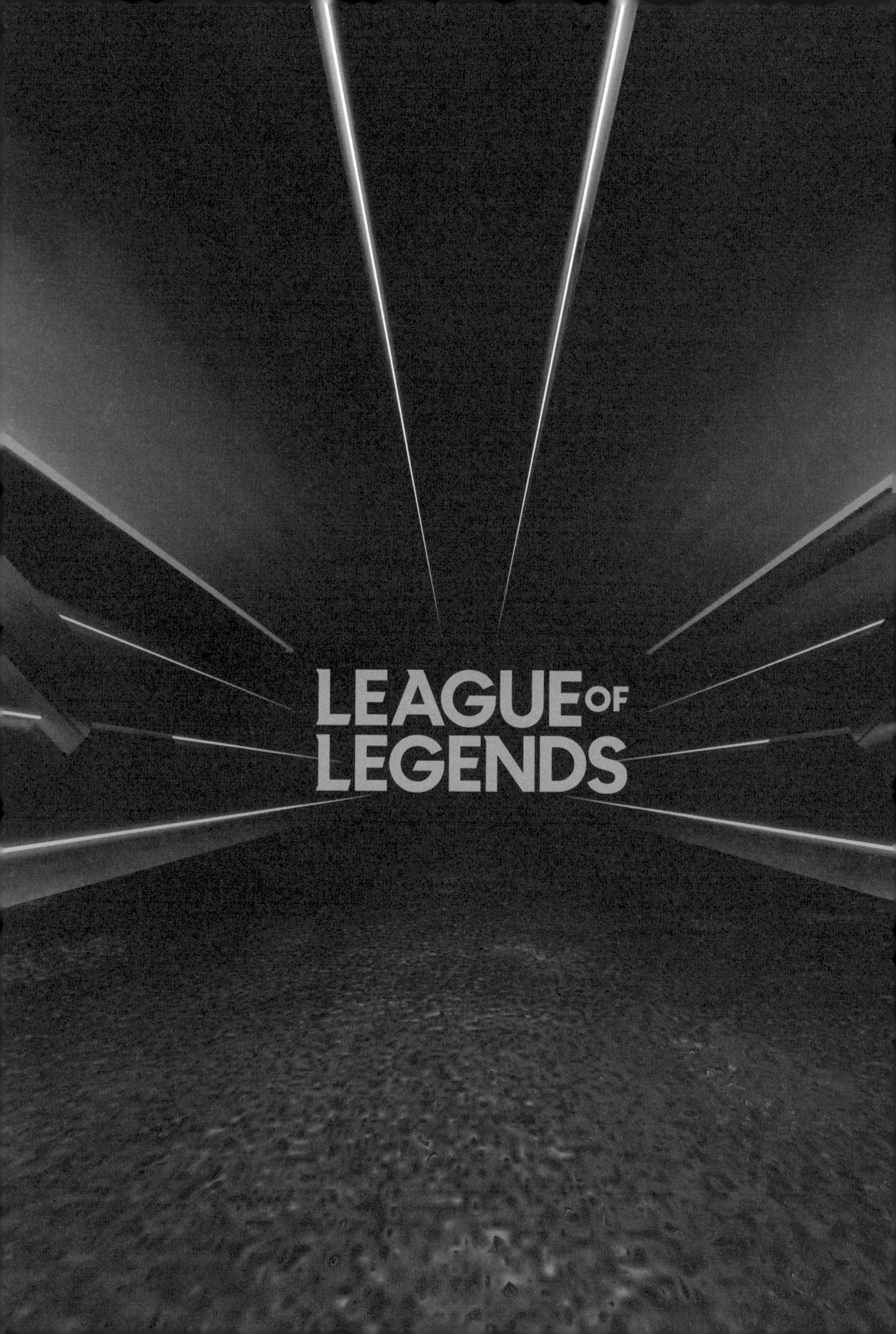
LEAGUE OF
LEGENDS